基于共生理论的滇越国际旅游合作研究

JIYU GONGSHENG LILUN DE
DIANYUE GUOJI LVYOU HEZUO YANJIU

成竹 吕宛青◎著

中国经济出版社
CHINA ECONOMIC PUBLISHING HOUSE
北 京

图书在版编目（CIP）数据

基于共生理论的滇越国际旅游合作研究／成竹，吕宛青著.
—北京：中国经济出版社，2019.1
ISBN 978-7-5136-4886-8
Ⅰ.①基… Ⅱ.①成…②吕… Ⅲ.①旅游业—国际合作—经济合作—研究—云南、越南
Ⅳ.①F592.774②F593.33

中国版本图书馆 CIP 数据核字（2017）第 241448 号

责任编辑 姜 静
责任印制 马小宾
封面设计 久品轩

出版发行 中国经济出版社
印 刷 者 北京艾普海德印刷有限公司
经 销 者 各地新华书店
开　　本 710mm×1000mm 1/16
印　　张 13
字　　数 204 千字
版　　次 2019 年 1 月第 1 版
印　　次 2019 年 1 月第 1 次
定　　价 69.00 元
广告经营许可证 京西工商广字第 8179 号

中国经济出版社 **网址** www.economyph.com **社址** 北京市西城区百万庄北街 3 号 **邮编** 100037
本版图书如存在印装质量问题，请与本社发行中心联系调换（联系电话：010-68330607）

前 言

亚洲不仅有世界最受欢迎的旅游城市，也是最大的国际旅游客源输出地和热门的国际旅游接待地，尤其是东南亚国家，在世界旅游业的版图上占据了重要的位置。随着中国出境旅游的蓬勃发展，东南亚国家与中国的旅游合作越来越紧密，中国与东南亚国家之间是否能够效仿欧盟旅游一体化的样板，通过区域合作的形式进一步扩大现有优势，使旅游业朝着持续、健康的方向发展？这一问题已成为当今世界关注的焦点和学术界的热门话题。本书的研究正是运用生物学界的“共生”理论来尝试探讨滇越次区域内的国际旅游合作问题。

生物学的研究普遍认为，共生不是简单的生物间的“和平共处”，它是同类生物或不同生物间在一定条件下达到的一种平衡状态，构成一个互相联系、不可分割的系统，在这个系统中，个体或群体获得最大成功的关键不在于强者压倒一切的本领，而在于他们在这个群体中密切联合的能力①。本研究尝试将这一理论的逻辑框架运用到旅游学研究领域，通过共生理论来分析滇越次区域的国际旅游合作问题。

本书研究假设滇越国际旅游区域内的旅游活动由“面”“线”“点”三级共生系统构成，并选取“线”级共生系统作为研究对象，即将旅游活动的主体、客体、介体和载体分别视为一个共生系统，对其共生关系进行研究。主要内容包括：

第一，对所假设的区域旅游共生系统的共生要素进行分析，确定其共生单元，通过共生单元的质参量指标，判定滇越区域旅游共生系统共生关

① 洪黎民．共生概念发展的历史、现状及展望［J］．中国微生态杂志，1996（4）：50-54.

系的存在，揭示现有共生关系的共生模式，并对其所面临的共生环境和所需要的共生条件进行分析。

第二，在正视区域内各共生要素存在的前提下，研究滇越国际旅游合作的共生机制，从资源整合、品牌建设、利益均衡、理性决策、责任分担、共同监督等方面构建了各共生系统之间相互作用的动态方式。

第三，实证研究。选取自助旅游为共生界面，通过对中国元阳和越南沙巴目前开展自助旅游的条件、发展模式和管理现状的对比分析，在共生的前提下，提出了元阳和沙巴国际旅游合作的思路，试图从小范围的角度来实践“基于共生理论的滇越国际旅游合作”问题。

本书假设了滇越国际区域旅游合作的四级共生系统，通过共生理论的分析方法，确定了所假设的共生系统共生关系的存在，并进一步判定了现阶段各级共生系统的共生模式，在此基础上构建了滇越国际区域旅游共生系统从现阶段共生状态向理想的一体化共生和对称性互惠共生模式发展的机制。这一尝试丰富了区域旅游合作的内涵，拓展了区域旅游合作的思路与方法，是共生理论运用于旅游学研究的一个重要突破，也是对旅游共生理论和实践的补充和完善。

本书受教育部人文社会科学研究基金青年项目“多重利益诉求目标下的中越国际旅游合作共生协同机制研究”（12YJC630023）和国家社会科学基金青年项目“澜沧江—湄公河国际区域旅游合作发展优化与创新模式研究”（13CGL077）共同资助。

笔者

2018 年 6 月

目　录

前　言

1　绪　论

2　共生理论及相关研究综述

3　滇越国际旅游合作共生要素分析

4　滇越国际旅游合作共生机制研究

6 研究总结与展望

1 绪论

1.1 研究背景

经济全球化和区域经济一体化是当今世界经济发展的两大趋势，对于任何一个国家来说，这都是一个无法抗拒的历史进程。越南与中国云南省比邻，中越边境线长1450公里，其中云南段长1353公里，设有3个国家级一类开放口岸。在区域经济合作方面，中国云南和越南有着深厚的合作背景，二者同属中国—东盟自由贸易区，是澜沧江—湄公河流域重要的合作伙伴，是“两廊一圈”国家战略计划的主体。国际旅游合作是中国云南和越南次区域经济合作的重要内容，是实现中越经济一体化的直接途径。云南作为中国面向东南亚的桥头堡，必将走在中越经济合作的最前沿。

1.1.1 经济全球化

“经济全球化”（Economic Globalization）的概念最早于1985年由T. 莱维提出来的，截至目前，并没有一个特别具体的定义为公众所认可。一般情况下，经济全球化包含几个要点：一是世界经济活动超越国界；二是彼此间相互联系、相互依存，形成全球范围的有机经济整体；三是信息、服务、商品、货币、技术、人力等生产要素能够顺利实现跨国界、跨地区的流动。当然，从社会生产力运动的发展来看，经济全球化是指在世界范围内形成“全球统一市场”，在全球统一规则下建立经济运行的全球机制。

经济全球化之所以被提出，并得到世界范围的积极响应，主要意义在于它有利于各类资源和生产要素在全球范围内的优化配置和合理利用，促进国际化分工与合作，促进全球经济结构合理优化和现代科技迅速传播，有利于世界经济多极化发展，促进资本和产品在全球范围内流动。但对每个国家来说，经济全球化的作用是双向的，既有有利的一面，也有不利的一面。例如，对发展中国家而言，由于经济发展水平低，科学技术相对落后，在面对全球化的竞争时，将要面对的挑战是十分严峻的。

中国作为世界上最大的发展中国家，在21世纪最大的发展机遇就是经济全球化，当然，所面临的最大挑战也是经济全球化。既然经济全球化不可避免，那么主动适应、积极应对，在变化中求发展、在过程中找问题，就是一种非常有效的应对策略。

1.1.2 区域经济一体化

“区域”的概念范围往往大于一个主权国家的地理范围，在区域范围内各个国家或地区能够进行多边经济合作。但这些国家或地区并非同一种背景、同一种文化，各有各的特点和优、劣势，使得各国在经济交往中存在诸多障碍，区域经济一体化的设想就是为了调和这种矛盾而出现的。因此，区域经济一体化就是伙伴国家之间市场一体化的过程。

区域经济一体化发展最根本的原因在于区域范围内的各个国家或地区需要以联合的力量与外来的强大势力抗衡，以维护自身的经济、贸易利益，为本国经济的发展和综合国力的提高创造更加良好的外部环境，也为政治上的国际联盟提供保障。因此，构成区域经济一体化的成员单位常常是地理位置相邻、社会政治制度相似、生产力发展水平相近、有类似文化历史背景的国家或地区，它们致力于本地区的和平、发展与稳定。从某种意义上说，区域经济一体化体现了国际经济与政治正朝着平等、民主的方向发展的趋势，有利于推动建立公正合理的国际新秩序，促进国际关系民主化。

根据美国著名经济学家巴拉萨的观点，区域经济一体化通常要依次经历贸易、要素、政策、市场一体化的过程①，即先后实现商品和生产要素的自由流动、区域内国家间经济政策的协调一致和市场内所有要素的全面统一。

东亚合作是区域经济一体化在亚洲的亮点。遵循这一思路，在中越之间

---

① 百度百科。

探索区域经济一体化是值得尝试的。

1.1.3 中国—东盟自由贸易区①

中国—东盟自由贸易区（China-ASEAN Free Trade Area，CAFTA）是中国与东盟十国共同组建的自由贸易区域，它与欧盟（European Union，EU）、北美自由贸易区（North American Free Trade Area，NAFTA）并称世界三大区域经济合作区。1991 年，中国成为东盟的全面对话伙伴国；1992 年，东盟签署建立自由贸易区协议；1997 年底，中日韩三国领导人与东盟商议拟建“10+3”合作机制；2010 年 1 月，中国—东盟自由贸易区正式全面启动，“10+1”模式形成。这一举措意味着在世界范围内将出现一个涵盖 11 个国家、19 亿人口、GDP 达 6 万亿美元的巨大经济体，其贸易额度将占到世界贸易总额的 13%，将成为世界上人口最多的自贸区和发展中国家间最大的自贸区。

当今世界经济有两大显著特点：一是经济全球化，二是区域经济一体化。中国—东盟自由贸易区正是为了应对经济全球化中的负面影响（金融危机）和区域经济一体化的快速发展而建立的，是实现区域经济共赢的模式。预计在未来的几年内，中国—东盟自由贸易区将呈现出三大发展趋势：

第一，中国和东盟的贸易将继续呈现更有力的增长，贸易结构也将越来越趋于合理化。

第二，壁垒消除，各国间的相互直接投资力度进一步扩大。中国“走出去”战略中最重要的举措之一就是海外投资，随着自贸区的建成，中国的海外投资重点将优先选择东南亚各国，尤其是中国的周边邻国，如缅甸、柬埔寨、越南、老挝等东盟新成员国。当然，市场的开放也会促使中国一部分垄断行业对外开放，如电信业、保险业、金融业和服务业，自贸区盟国中实力较强的国家也将扩大对中国市场的投资力度。

第三，在自贸区的促进下，双边经济合作的领域将越来越宽。其中，服务贸易的比重将进一步加大，投资合作方式更加多元化。

除中国香港、中国澳门、中国台湾地区之外，东南亚各国是中国大陆区

① 本部分个别资料来自百度百科。

域经济一体化战略中最密切的合作伙伴。中国—东盟自由贸易区升级版呼之欲出，将有助于冲破发达国家发起的制度性贸易保护，迎来双方合作全新的“钻石十年”。相关资料显示，未来中国与东南亚各国的贸易和投资将进一步自由化和便利化，并努力向2020年双边贸易额达到1万亿美元、今后8年新增双向投资1500亿美元的目标迈进。

1.1.4 大湄公河次区域经济合作①

亚洲也有一条和多瑙河相媲美的重要的国际性河流——澜沧江—湄公河，在中国境内流淌的部分叫澜沧江，流出中国国境的部分叫湄公河。该河流经中国、缅甸、老挝、泰国、柬埔寨、越南六国，全长4880公里。目前所确定的大湄公河次区域在地域上包括了东南亚、南亚和中国西南的部分省份，总面积约256.86平方公里，包含约3.2亿人口。次区域范围内气候类型众多，地形地貌特征多样，水资源、生物资源、矿产资源极为丰富；民族众多，人文、建筑、宗教信仰等风俗各异；历史文化古迹不计其数，其中不乏价值极高、吸引力极强的世界遗产地。这里不仅是当今世界经济最具活力的地区，也是世界最具吸引力的旅游目的地，具有无限的发展潜力。

在亚洲开发银行支持下的大湄公河次区域合作（The Greater Mekong Subregion，GMS）项目于1992年启动，其目的是期望在平等、互信、互利的基础上，建立一个发展中国家互利合作的机制。继柬埔寨金边会议之后，2005年7月4—5日，以“加强伙伴关系，实现共同繁荣”为主题的GMS第二次领导人会议在云南昆明举行。时任中国国务院总理温家宝出席了开幕式并做了重要讲话，会议最终通过了《昆明宣言》，并确立了“相互尊重、平等协商、注重实效、循序渐进”的合作原则，在推动成员国全面开展合作方面取得了显著成效。2014年12月19日，以“致力于大湄公河次区域的包容性和可持续发展”为主题的GMS第五次领导人会议在泰国曼谷举行，次区域合作的进程不断加快。2018年3月29日，大湄公河次区域经济合作第六次领导人会议在越南首都河内开幕，本次会议主题为“发挥25年合作成效，建设可

---

① 本部分个别资料来自百度百科。

持续、一体化和繁荣的大湄公河次区域”，并就继续加强区域投资合作、促进贸易往来、可持续利用资源等问题进行了讨论，这也为中国与越南之间的国际旅游合作带来了新的契机。

本着相互信任、发展睦邻友好关系、提高次区域整体经济水平、增强次区域成员国综合竞争实力的目的，项目提出了以次区域交通通道建设为基础，建设次区域经济走廊的“三纵两横”方案。同时，次区域大力倡导发展特色经济，积极寻找能够形成共振点的产业，以充分调动各方积极性，建立起次区域内的多边合作关系，为大湄公河次区域内各国的旅游业发展提供广阔的空间。为支持特色经济发展，次区域信息网络与电子商务的建设也将首先集中于旅游业方面。

中国一直以来都积极参与澜沧江—湄公河次区域的合作，作为澜沧江—湄公河的一头一尾，中国与越南的合作尤其密切。越南是中国在东南亚和 GMS 最主要的贸易伙伴，在 1998—2000 年三年中，中越贸易总额分别达到 12. 5 亿美元、12. 2 亿美元、24. 7 亿美元，到 2013 年，中越贸易总额达 504 亿美元（该数据为越方统计数字，中方统计超过 600 亿美元），中国已经毫无疑问成了越南最大的贸易国。中国是越南大米、天然橡胶、煤炭、木薯的最大出口国，越南主要从中国进口工业原料、纺织品原料、机器设备等。

2013 年 12 月 16 日，由中国南方电网总公司（China Southern Power Grid，CSG）、中国电力国际有限公司（China Power International，CPIH）和越南煤炭矿业集团（Vinacomin）按建设经营转让（BOT）方式展开投资合作的永新一号热电站项目签约，投资总额为 20 亿美元，其中 80%由银行和金融机构提供贷款。永新一号热电站项目是永新电力中心总体规划的部分项目之一，该规划包括总装机容量 1200 兆瓦的永新一号热电站、总装机容量 1200 兆瓦的永新二号热电站和总装机容量 2000 兆瓦的永新三号热电站三个项目。预计永新一号热电站项目将于 2018 年投入运营，每年可供电量 80 亿千瓦时，该项目是目前中国对越最大投资项目。统计显示，2013 年中国对越投资排在第九位，至 2013 年底中国对越投资总额累计为 78 亿美元。

1.1.5 两廊一圈①

共建“两廊一圈”的提议是2004年5月20日越南总理潘文凯在对我国进行国事访问时向时任国务院总理温家宝提出的。作为回应，同年10月6日，温家宝总理对越南进行了正式友好访问，从全局和战略高度出发，提出了“长期稳定，面向未来，睦邻友好，全面合作”十六字方针，并发表了《中越联合公报》。公报就双方主张共建“昆明—老街—河内—海防—广宁”“南宁—谅山—河内—海防—广宁”经济走廊（覆盖面积14万平方公里）和环北部湾经济圈的议题进行了积极探讨，形成了中越关于“两廊一圈”的合作构想，在战略层面实现了中国与东盟合作的突破。“两廊一圈”的建设标志着中越经济在迈向一体化方面进入了规划和实际操作层面，成为滇越国际旅游合作发展的大好时机。

1.1.6 “兴边富民行动规划”和“桥头堡”战略②

2011年6月5日，国务院办公厅印发的《兴边富民行动规划（2011—2015年）》中明确提出，要大力促进边境地区特色优势产业的发展，充分挖掘边境地区丰富的民族传统文化资源，打造特色文化品牌，推动非物质文化遗产生产性保护和利用，发展文化产业，并依托旅游资源优势，推动文化与旅游的深度融合，大力培育开发具有边境特色的重点旅游景区和线路，鼓励发展特色旅游。该规划不仅为我国边境省份旅游业的发展提供了强有力的政策指导，更预示着边境地区的旅游业正在迎来一个巨大的发展契机。

“桥头堡”是时任国家主席胡锦涛在2009年7月考察云南的时候提出的战略理念。随后，2012年10月31日，国务院批准了《云南省加快建设面向西南开放重要桥头堡总体规划（2012—2020年）》，特别强调了西南地区的关键性地位，同时加强西南地区的开放。这一战略的推进对促进中国云南与东南亚各国，特别是相邻国家的合作具有重大意义和深远影响，云南将紧抓这一机遇，努力朝着成为中国沿边开放经济区的目标迈进。云南桥头堡战略

①② 本部分个别资料来自百度百科。

的具体定位如下：

第一，将云南建成我国向西南开放的重要门户，构筑陆上大通道。

第二，将云南建成我国沿边开放的试验区和西部地区实施“走出去”战略的先行区，借大湄公河次区域合作的东风，加强与东南亚、南亚国家之间的合作。

第三，将云南建成西部地区重要的外向型特色优势产业基地。

第四，将云南建成我国重要的生物多样性宝库和西南生态安全屏障。

第五，将云南建成我国民族团结进步、边疆繁荣稳定的示范区。

根据《云南向西南开放的重要桥头堡专项规划制定指导意见》，云南“桥头堡”战略为期十年：第一个五年（2011—2015 年），重点集中在交通道路网络、油气管道、物流、边境口岸和印度洋口岸建设；第二个五年（2016—2020 年），要全面建成以昆明、曲靖、大理、蒙自为核心的公路、铁道、航空、水运国内、国际运输网络，加大传统能源和新能源、特色农业、旅游业、矿产、生物制药、金融等方面的建设力度。推进中越国际旅游合作既是实施云南“桥头堡”战略的需要，同时又是促进云南“桥头堡”战略顺利达成的催化剂，因此研究滇越国际旅游合作具有划时代的重要意义。

1.1.7 “一带一路”

“一带一路”（“One Belt and One Road”，OBAOR，或“One Belt One Road”，OBOR，或“The Belt and Road”，BAR）指“丝绸之路经济带”和“21 世纪海上丝绸之路”，分别由中国国家主席习近平于 2013 年 9 月和 10 月提出①。“一带一路”实质就是跨越边境的次区域合作②。该思路继承古丝绸之路的开放传统，吸纳新地缘经济学的区位理论，将重点集中于跨境地区的合作，争取获得“1+1>2”的整合效应③。云南作为古丝绸之路的一部分，成

① 习近平．在哈萨克斯坦纳扎尔巴耶夫大学发表重要演讲——弘扬人民友谊，共同建设丝绸之路经济带［N］．人民日报，2013-10-03.

② 柳思思．“一带一路”：跨境次区域合作理论研究的新进路［J］．南亚研究，2014（2）：1-9.

③ 白通社发表驻白俄罗斯大使崔启明接受专访实录［EB/OL］．中国外交部网站，http：//www.fmprc.gov.cn/mfa_chn/wjdt_611265/zwbd-611281/tl144496.shtml，2014-04-15.

为该区域涉及的中国九省区之一，是该区域能源、经贸、金融等区域合作中的重要成员①。就滇越区域合作而言，由于自然、人文领域的地缘优势，边境空间上的邻近性，以及中国云南和越南核心城市区的边境需求，滇越区域合作具有天然的优势，将成为滇越旅游业发展的新窗口和新平台，未来发展前景广阔，客源市场空间巨大②。

1.2 研究目的、价值和问题

自 1994 年 4 月 8 日中国和越南在越南河内签署了双边旅游合作协定以来，中越旅游合作已经走过了 20 年的历程，进入了一个相对稳定的发展时期。国家旅游局入境抽样调查数据显示，越南来华旅游规模从 2010 年的 92 万人次增长到 2013 年的 136.53 万人次，3 年间增长 44 余万人次，增幅近 50%；截至 2018 年上半年，按入境人数排列，越南已成为我国第二大入境旅游客源国，也是中国入境旅游客源市场中最大的发展中国家。然而，随着国际旅游业不断深入发展，国际旅游客源的类型、结构、需求不断变化，旅游产品不断开发，在区域旅游合作中暴露出一些问题，本研究即以此为切入点。

1.2.1 研究目的

滇越区域旅游合作始于昆明第一届进出口商品交易会。1995 年 8 月，昆明举办第一次昆明进出口商品交易会，越南自中越正式建立旅游合作协定后第一次组织 80 多家各类企业到滇参会，并在会上与昆明旅游公司接洽，最终于同年 11 月成功组织了第一批越南旅游团到中国云南旅游。之后在中国云南和越南旅游机构的努力下，旅行社之间不断签订合作合同，建立旅游合作关系，滇越国际旅游合作从此拉开序幕。

20 年来，滇越旅游合作在资源共享、客源互换、设施共建、共同宣传促销、共同开发旅游线路等方面做了诸多努力和尝试，合作成果显著。当前，新时代的飞速发展又给滇越国际旅游合作带来了新的契机。

---

①② 柳思思．“一带一路”：跨境次区域合作理论研究的新进路［J］．南亚研究，2014（2）：1-9.

大湄公河次区域已经逐步成为世界著名的旅游目的地，由于地理位置具有特殊性，云南已成为中国与次区域国家间最便捷的旅游通道和重要的旅游目的地之一，同时也是亚行“澜沧江—湄公河旅游基础设施开发”项目技术援助（2006 年）和“湄公河上游河段（黄金四角）旅游区跨国旅游线路规划”项目中的重点建设区域。以旅游作为滇越在次区域合作发展中的“先导”领域，通过旅游业的合作与开发，整合资源、人力，协调规划、管理，简化出入境手续，共享第三国客源市场，以旅游带动商品、资本、技术等的流动，为促进中国—东盟旅游合作圈的形成，大力推进中国西南省份与中南半岛之间的旅游合作。

本书的研究目的在于将共生理论应用于滇越国际旅游合作，运用共生理论已有的研究成果对区域旅游合作中的要素进行分析、探索，在旅游资源整合、旅游从业人员培养、旅游景区和线路管理优化、国际旅游通道的便捷性等方面进行深入研究，为滇越国际旅游合作问题提供有实际性价值的思路与方法。这也是应用共生理论对旅游活动这一社会经济现象进行应用研究的一次尝试。

1.2.2 研究价值

1.2.2.1 区域经济一体化迫切要求区域市场一体化形成

区域的范围通常大于一个主权国家的地理范围，区域经济合作往往需要将不同经济特色的国家和地区组合在一起，但这些经济地区和国家并非总在同一区域。区域经济一体化的过程正是为了调和不同区域国家和地区之间的关系，力主消除国境在经济交往中造成的障碍，促成伙伴国家之间的市场一体化。

多年来，中国云南和越南在推进双边国际旅游合作方面做出了积极的努力，尝试性地在国家政策允许的范畴下，树立起了避免各自为政、重复建设、恶性竞争的观念意识。但在实际的操作中，仍然存在多重障碍，很难找到能够兼顾各自利益诉求的途径。这正是因为旅游市场的一体化尚未形成。

生物界的“共生”指的是不同的生物密切生活在一起（Anton de Bary, 1879），是几对合作者之间稳定、持久、亲密的组合关系（Dale S. Weid,

1982)。运用共生理论来分析滇越国际旅游合作问题，就是要找到旅游活动中的共生要素，分析各要素之间的共生关系，找到共生的界面，最终实现滇越区域旅游的市场一体化。

1.2.2.2 区域旅游合作的效应有待研究

共生是最有效地获得“共赢”的合作方式，其特质就是追求全局共赢、获得成本优势、实现集成目标、创造先动优势、增强抗风险能力（钟俊，2001），这也正是区域经济一体化的理想目标。因此，运用共生理论来研究区域旅游合作效应以及如何发挥区域旅游合作的互补效应与整体效应，打造滇越旅游的共赢局面，具有重要的理论意义和实际价值。

1.2.2.3 区域旅游合作的共生要素和共生关系有待明确

一般而言，共生的要素包括共生单元、共生模式和共生环境①。在滇越国际旅游区域中，究竟存在多少共生单元？它们之间的相互关系如何？它们应该以怎样的方式相互作用或相互结合？区域外部环境对这些共生要素产生了怎样的影响？明确这一系列问题有助于在滇越旅游合作中建立起更行之有效的合作机制，其研究结果对国际区域旅游合作有着重要的理论意义和实践价值。

1.2.3 研究问题

根据对研究背景和研究目的的分析，本书拟以区域经济一体化、旅游经济学、旅游管理学、旅游资源学的相关概念为基础，运用共生理论来分析探讨滇越国际旅游合作的合作机制。主要包括以下三个问题：

第一，假设滇越国际旅游区域共生关系存在，通过共生理论，对共生系统的共生要素进行分析，确定其共生单元，通过共生单元的质参量指标，判定滇越区域旅游共生系统共生关系的存在，揭示现有共生关系的共生模式，并对其所面临的共生环境和所需要的共生条件进行分析。

第二，在正视区域内各共生要素存在的前提下，研究滇越国际旅游合作的共生机制，从资源整合、品牌建设、利益均衡、理性决策、责任分担、共

① 袁纯清．共生理论——兼论小型经济［M］．北京：经济科学出版社，1998：6-8.

同监督等方面构建各共生系统之间相互作用的动态方式。

第三，实证研究。选取自助旅游为共生界面，通过对中国元阳和越南沙巴目前开展自助旅游的条件、发展模式和管理现状的对比分析，在共生的前提下，提出元阳和沙巴国际旅游合作的思路，试图从小范围的角度来实践“基于共生理论的滇越国际旅游合作”问题。

1.3 创新点

本书专注于共生理论在国际区域旅游合作领域的应用研究，以中国西南边境省份云南和越南的次区域旅游合作为研究对象，并从以下两个方面延伸已有的研究：

1.3.1 对共生理论在旅游学领域应用研究的拓展

最早源于生物学领域的共生理论由于非常客观地揭示了生物之间的关系，20世纪50年代以来逐渐被应用到农业、医学、经济、管理乃至社会学领域①。本研究正是在前人研究成果的启发下，将共生理论应用于国际区域旅游合作研究，假设了滇越国际区域旅游合作“线”级层面的四级共生系统，通过共生理论的分析方法，确定了所假设的共生系统共生关系的存在，并进一步判定了现阶段各级共生系统的共生模式，在此基础上构建了滇越国际区域旅游共生系统从现阶段共生状态向理想的一体化共生和对称性互惠共生模式发展的机制。这一尝试丰富了区域旅游合作的内涵，拓展了区域旅游合作的思路与方法，是将共生理论运用于旅游学研究的一个重要突破，也是对旅游共生理论和实践的补充和完善。

1.3.2 对中越国际旅游合作研究的拓展

中越的区域经济合作以中国云南为桥头堡，云南与越南的区域旅游合作是中越经济合作中最活跃、最具亮点的一面，是“桥头堡”战略的重要

---

① 吴更敏，王力峰．基于“共生理论”的旅游区可持续发展评价指标体系的构建［J］．沿海企业与科技，2008（5）：122.

内容。本研究拟将共生理论应用于区域旅游合作研究，探索在共生的前提下实现滇越旅游市场一体化，并以此为契机实现中国云南和越南国际旅游地之间的相互促进、共同发展，寻求双方或多方的共存共享和互惠互赢（陈学强、刘潇、杨超，2009）。尝试以中国云南和越南为例，在运用共生理论分析滇越国际旅游合作共生要素的基础上探索国际区域旅游合作的共生机制，拓展中越国际旅游合作的层次和空间，为中越国际旅游合作研究进行理论研究拓展。

1.4 研究思路和方法

1.4.1 研究思路

本书的研究思路如图 1-1 所示。

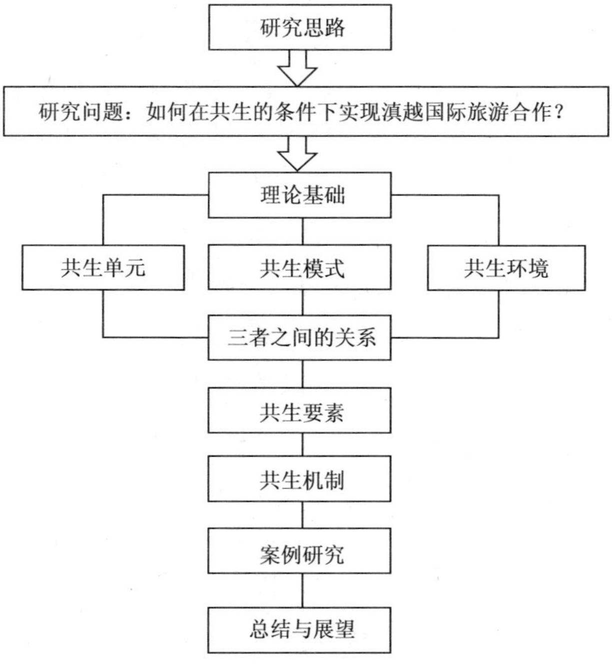

图 1-1 研究思路

1.4.2 研究方法

本书主要采用理论分析与实证研究相结合的研究方法。理论分析的意义在于为问题的提出、概念的界定、研究结论的归纳总结提供理论基础；实证研究采用定性研究与定量研究相结合的方法，通过对相关数据的整理分析，对所提出的相关论点进行检验，为最终解决问题提供依据。

1.4.2.1 文献分析

研究者通过中国学术期刊全文数据库、中国优秀硕博士论文全文数据库、中国重要会议论文集全文数据库、中国重要报纸全文数据库、SpringLink 等数据库进行了文献检索，全面收集了有关共生理论研究、中越（滇越）旅游合作、旅游共生等方面的文献资料，发现已有研究的不足，明确进一步需要研究的问题。

1.4.2.2 专家访谈

在对文献研究的基础上，研究者还进行了专家访谈。在选题阶段、研究过程中和研究结束阶段，针对不同时期所存在的现实问题和研究的初步结果与国内外专家、政府管理人员和旅游企业从业人员进行了深入探讨，就研究区域的合理性、研究方法的科学性和研究结论的正确性进行意见征询，并作出相应的修正，以确保研究结论的准确性和可借鉴性。

1.4.2.3 社会科学统计软件包 SPSS 和 MATLAB 应用软件

SPSS（Statistics Package for Social Science）是经济统计数据处理和分析任务的分析软件。本书主要采用该软件对中国云南和越南共生关系进行相关性检验，所选取的指标包括云南入境旅游人数和旅游外汇收入，越南入境旅游人数和旅游外汇收入。MATLAB（Matrix Laboratory）是数学应用软件和数学优化技术最小二乘法。本研究主要采用该方法对中国云南和越南近十年来的入境旅游人次数和旅游外汇收入数据进行匹配，得出关于中国云南和越南过去 10 年中入境旅游人数和旅游外汇收入的数据拟合曲线，通过该曲线的走势可以对未来中国云南和越南国际旅游人次数和收入等方面的数据进行预测，有助于了解未来滇越国际旅游区域的市场规模和发展趋势。

1.4.2.4 实证研究

本书研究的目的在于利用滇越之间地缘、区位、资源、历史渊源、人文要素等优势，寻找滇越国际区域旅游合作的新机会和新模式，以实现促进区域旅游发展、提升滇越国际旅游竞争力的目的。目前世界发达国家和地区的旅游市场已经完成了从原来的“大众旅游”向“新旅游”转型的任务（许峰，2006）①，这种新旅游的代表形式就是自助旅游。东南亚一直以来就是欧美国际旅游市场钟爱的自助旅游目的地，滇越国际旅游区域中越南的自助旅游目的地建设和接待能力都胜过中国云南。

本书在研究的基础上，专门选取了中国云南世界遗产地元阳和越南著名避暑旅游胜地沙巴进行自助旅游目的地建设比较研究，试图将区域旅游合作的前景和方式在相互学习的过程中展现出来，以供借鉴和参考。

1.4.2.5 问卷调查法

本书通过问卷形式，对中国云南和越南的本地游客以及到中国云南和越南旅游的第三国游客进行了调查。问卷通过云南当地旅行社和越南老街省文化体育与旅游厅等进行发放。调查区域包括云南省昆明市、文山市、丽江古城区和越南老街省等。调查内容包括旅游者的旅游偏好、旅游者的基本信息、旅游者到中国云南或者越南的旅游意愿，以及旅游满意度等几个方面。调查的对象包括八种类型：①在中国云南境内到过越南的中国人；②在中国云南境内没到过越南的中国人；③在中国云南境内没到过越南的第三国游客；④在中国云南境内到过越南的第三国游客；⑤在越南境内到过中国云南的越南人；⑥在越南境内没到过中国云南的越南人；⑦在越南境内没到过中国云南的第三国游客；⑧在越南境内到过中国云南的第三国游客。

问卷共发出788份，实际回收652份，其中有效问卷648份，有效回收比率为82%。本次调查的结果可作为分析滇越共生合作的基本信息和条件。

---

① 许峰．转型视角下我国自助旅游发展研究［J］．旅游科学，2006（4）：12-18.

1.5 研究结构

本书选取中国云南和越南作为研究区域，拟运用共生理论来分析国际区域旅游的合作问题，通过对滇越国际旅游合作共生要素、共生条件、共生环境的分析，探索滇越国际旅游合作的共生机制。具体分为以下六个部分：

第一部分为绪论。提出本书拟研究的问题，并阐明选题的目的、意义和创新点，介绍了本书研究的思路和研究所用的方法。指出本研究就是在全球经济发展的大背景下，以经济合作的前沿中国云南和越南为切入点，运用共生理论来探索区域旅游合作的新机制。

第二部分构建本书的理论基础。通过对共生本质的分析和探讨，指出滇越旅游共生是该区域旅游发展的必然趋势，通过共生概念的引入有助于更好地整合滇越国际旅游区域的旅游资源，构建合理的市场模式，较大地提升客源市场空间，从而实现中国云南和越南旅游合作的共赢。

第三部分对滇越国际旅游合作的共生要素进行系统分析，包括四个层面：一是共生单元，涉及旅游活动的主体、客体、介体、载体四个层次；二是共生模式，包括主体、客体、介体、载体四个层次的共生行为模式和共生组织模式，通过共生度、共生系数、关联度等指标进行描述；三是共生环境，涉及滇越国际旅游合作共生的地理环境、政治环境、人口环境、经济环境、社会环境和技术环境；四是共生条件，包括滇越国际旅游合作共生的一般条件、均衡条件和稳定条件。

第四部分提出滇越国际旅游合作的共生机制，即通过一定的方式和方法，在中国云南和越南现行旅游业发展的过程中，把能够合作的各项事物联系起来，使它们协调运行并发挥作用。这种合作共生机制包括：资源整合机制、品牌共建机制、利益均衡机制、决策共商机制、一体化发展机制。

第五部分是实证研究。自助旅游是21世纪“新旅游”的代表形式，自助旅游者早已成为国际旅游市场的主体。东南亚一直以来都是欧美国际旅游市场钟爱的自助旅游目的地，越南也不例外，在自助旅游目的地建设、国际自助旅游市场开发和接待方面，越南的发展都领先于中国云南。面对当前国际旅游市场的特征，本研究选取了在地域上接近、资源类型方面相似的中国云南世界遗产地元阳和越南著名避暑旅游胜地沙巴进行自助旅游目的地建设比较研究，目的在于取长补短，共同打造区域内跨边境的自助旅游接待地，为提高滇越国际旅游区域的自助旅游接待能力做好充分的准备。

第六部分全面总结全书的研究结论，讨论研究的不足之处和对未来研究的展望。

2　共生理论及相关研究综述

20世纪80年代以来，在经济全球化、区域经济一体化发展的推动下，区域旅游的发展取得了显著的成绩，随着中国—东盟自由贸易区的建立和澜沧江—湄公河次区域旅游合作的开展，中国云南和越南间的国际旅游合作也出现了新的契机，同时也暴露出一些问题。围绕中国云南与越南间国际旅游合作这一主题，本书的研究将借助共生理论（袁纯清，1998）在社会学研究领域的成果，借鉴国内外学者在区域旅游合作、区域旅游资源整合、旅游产品开发、国际旅游市场拓展等领域的研究成果，通过共生的一般分析方法，对滇越国际旅游合作进行定性和定量分析。本章将通过对前人研究成果的梳理和总结，分析现有研究存在的不足，归纳出本书的研究重点和方向。

2.1 共生理论

"共生"的概念是19世纪中叶被提出的，运用于生物学研究领域已经有百余年的历史。随着学科的发展，越来越多的专家开始将共生理论运用到其他领域进行研究，包括生态学领域、管理学领域、经济学领域、社会学领域等，共生理论甚至还被运用到政治中。这一系列学科领域的研究也取得了令人瞩目的成绩，积累了相应的研究成果，这为我们进一步将共生理论运用于旅游学领域的研究提供了指引。

2.1.1 共生的概念及发展

迄今为止，还没有一个清晰、连贯的共生定义被广泛接受，但公认的第一个提出生物界广义共生概念的是德国医生、著名真菌学家 Anton de Bary

(1831—1888)①，他于1879年对共生所做的概括是这样的："共生是不同生物密切生活在一起（living together）②。"他认为寄生是一种共生，但短期联系不能算作共生关系③。大多数生物学界的研究者们都接受了德贝里关于共生的观点，即一起生活，它暗示了生物体某种程度的永久性的物质联系④。传统观念中，一些学派将寄生和共生严格区别开来，例如欧洲就把共生的概念限于两个有机体在一起相互有利的范围。但更多的学者倾向于共生的概念包含寄生和共栖。

在生物共生理论研究上贡献最突出的表现集中在共生进化的研究方面，在该领域表现最突出是苏联一些杰出的生物学家，如范明特（Famintsim，1835—1918）、科斯基（Korskii，1855—1921）和科左波林斯基（Kozo Polianski，1890—1957），他们在共生起源方面的杰出贡献使得他们成为进化共生学说的奠基人。德国生物学家保罗·布克纳（Prototaxis，1886—1969）提出的内共生概念是共生研究在生物进化理论上的又一重大贡献。法国著名的巴斯德研究所的两位微生物学家Rogery和Stanier在其合作编著的《微生物世界》一书里把共生界定为：着重于两种生物作为伙伴或搭档间的代谢互补和能量转换关系⑤。生物学家科勒瑞（Caullery）和刘威斯（Lewils）分别在1952年和1973年定义了共生、互惠共生、同住现象、寄生和其他有关不同物种生物体间关系的概念，为共生注入了生物学领域以外的社会意义⑥。生物学家斯哥特（Scott）于1969年明确提出共生是两个或多个生物，在生理上相互依存、程度达到平衡的状态⑦。原生动物学家维德（Dale S. Weid）则将共生定义为几对合作者之间的稳定、持久、亲密的组合关系，提出了细胞或个体内外生物之间的共生组合（Symbiotic association）普遍法则。而把寄生和共栖都归于共生概念则是在20世纪70年代由美国昆虫病理学泰斗斯坦豪斯（E. A. Steinhaus）提出的。1981年，美国生物学家玛格丽斯（Margulis）从生

---

①②④⑤⑥⑦ 洪黎民．共生概念发展的历史、现状及展望［J］．中国微生态杂志，1996（4）：50-54.

③ A. E. Douglas. Symbiotic Interactions［M］. Oxford：Oxford University Press，1994：1-11；V. Ahmadjian. Symbiosis：An Introduction to Biological Association［M］. Hanover & London：University Press of New England，1986：1-10.

态学的角度指出，共生是不同生物种类成员在不同生活周期中重要组成部分的联合①。1982 年学者高尔夫（Golf）也指出，共生包括各种不同程度的寄生、共生和共栖。这些见解使得“共生”的概念不断发展完善。

总而言之，不能把共生简单地理解为“和平共处”的综合系统，而是同类生物或不同生物间在一定条件下达到的一种平衡状态，是一个互相联系不可分割的系统。概括起来主要包括两个要点：一是不同生物稳定、持久、亲密地组合，相互有利，代谢互补，能量转换，动态平衡。二是生物哲学，正如达尔文（Darwin，1859）对生物间相互关系的诠释，他认为生物之间的相互关系是一切关系中最重要的，生物的进化主要就蕴藏在生物的相互关系中②。普通生物学者多年的研究也发现，群落中生物相互关系十分复杂，但个体或群体胜利或成功的奥秘不在于强者压倒一切的“本领”，而在于他们在这个群体中密切联合的能力③。这也许正是生物哲学在人文科学领域的诠释。

2.1.2 共生的要素

通常情况下，共生要素包括共生单元、共生模式和共生环境④。

2.1.2.1 共生单元

共生单元指构成共生体或共生关系的基本能量生产和交换单位，它是形成共生体的基本物质条件⑤。共生单元的性质和特征因共生体的层次和类型而异，还因共生分析的层次而异⑥。例如，在细胞共生体中，共生单元是细胞核、细胞质和线粒体。如果延伸到社会学领域，把一个家庭作为共生体，那么这个共生体的共生单元则是家庭中的每一个成员；把一个社区作为一个共生体，那么社区内的每个家庭则是这一共生体的共生单元。同理，如果将企业作为一个共生体来进行研究，共生单元可能是企业的每一名员工，可能还包括企业的设备和资本。如果上升到行业，将一个行业作为一个共生体，共生单元则是行业中的每一个企业。由此可见，共生单元不是固定不变的，而是相对的。

---

①②③ 洪黎民．共生概念发展的历史、现状及展望［J］．中国微生态杂志，1996（4）：50-54.
④⑤⑥ 袁纯清．共生理论——兼论小型经济［M］．北京：经济科学出版社，1998：7.

在前人对共生理论的研究中，对共生单元的描述通常采用两个指标：一为质参量，由一组决定共生单元内在性质及其变化的因素组成，用于反映共生单元的内部特征，质参量的变化通常会引起共生单元的突变①。二为象参量，由一组反映共生单元外部特征的指标组成，主要用于描述共生单元的性状和表现，其变化通常不会引起共生单元的突变②。任何共生单元都同时具有质参量和象参量两个指标，二者之间相互影响，一方的积累变化会对另一方造成影响，并引起相应的变化。它们之间的这种相互影响和作用是每一个共生体内各个共生单元存在和发展的基本动力，同时也是共生体共生关系形成和发展的内在依据和基本条件③。

2.1.2.2 共生模式

指共生单元相互作用的方式或相互结合的形式，它既反映共生单元之间作用的方式，也反映作用的强度，既反映共生单元之间的物质信息交流关系，也反映共生单元之间的能量互换关系④。根据共生单元之间利益、信息的交流和联系方式的不同，可以将共生模式分为共生组织模式和共生行为模式⑤。

共生组织模式包括：点共生模式、间歇共生模式、连续共生模式和一体化共生模式。其概念、特征等要素对比如表 2-1 所示。共生行为模式包括：寄生、偏利共生、非对称性互惠共生和对称性互惠共生。其特征等要素对比如表 2-2 所示。

表 2-1 中，共进化特征指的是共生单元通过相互作用所引起的共生体性状和功能的进化。共生是进化和创新的源泉，也是新组织产生和发展的基本途径。

---

①②③ 袁纯清．共生理论——兼论小型经济［M］．北京：经济科学出版社，1998：11.

④ 袁纯清．共生理论——兼论小型经济［M］．北京：经济科学出版社，1998：8.

⑤ 袁纯清．和谐与共生［M］．北京：社会科学文献出版社，2008：10.

表 2-1 共生组织模式要素对比

行为模式	点共生	间歇性共生	连续性共生	一体化共生
概念	1. 在某一特定时期共生单元具有一次相互作用 2. 共生单元只有某一方面发生作用 3. 具有不稳定性和随机性	1. 某种时间间隔，共生单元之间具有多次相互作用 2. 共生单元只有某一方面或少数方面发生作用 3. 共生关系有某种不稳定性和随机性	1. 在一封闭时间区间内共生单元具有连续的相互作用 2. 共生单元在多方面发生作用 3. 共生关系比较稳定且具有必然性	1. 共生单元在封闭的时间区间内形成具有独立性质和功能的共生体 2. 共生单元存在全方位的相互作用 3. 共生关系稳定且具有内在必然性
共生界面特征	1. 界面生成具有随机性 2. 共生介质单一 3. 界面极不稳定 4. 共生专一性水平低	1. 界面生成既有随机性也有必然性 2. 共生介质较少，但包括多种介质 3. 界面较不稳定 4. 共生专一性水平较低	1. 界面生成具有内在必然性和选择性 2. 共生介质多样化且有互补性 3. 界面比较稳定 4. 均衡时共生专一性水平较高	1. 界面生成具有方向性和必然性 2. 共生介质多元化且存在特征介质 3. 界面稳定 4. 均衡时共生专一性水平高
开放特征	对内开放程度较低，对外开放程度较高，共生单元更依赖于环境	对内开放程度和对外开放程度相当，共生单元有时依赖环境，有时依赖共生关系	对内开放程度高于对外开放程度，共生单元更多地依赖共生关系	对内开放程度远远高于对外开放程度，共生单元主要依赖共生关系
分配特征	共生组织行为模型的分配特征取决于共生行为模型：①寄生关系中，不存在共同的物质或能量生产和交换，表现为寄主向寄生者单方面的物质或能量转移；②偏利共生关系中，共生单元之间存在共同的物质或能量生产和交换，但物质或能量分配完全集中于某一方，另一方没有损失；③非对称性互惠共生关系中，共生单元之间不仅存在共同的物质和能量生产和交换过程，而且存在非对称性的物质和能量分配；④对称性互惠共生关系中，共生单元之间以共同的物质或能量的生产和交换为基础，同时存在共生单元之间对称性的物质或能量分配			
共进化特征	1. 事后分工 2. 单方面交流 3. 无主导共生界面	1. 事中、事后分工 2. 少数方面交流 3. 无主导共生界面	1. 事中、事后分工 2. 多方面交流 3. 可能形成主导共生界面	1. 事前分工为主，全线分工 2. 全方位交流

资料来源：袁纯清．共生理论——兼论小型经济［M］．北京：经济科学出版社，1998：34-47.

表 2-2 共生行为模式要素对比

行为模式	寄生	偏利共生	非对称性互惠共生	对称性互惠共生
共生单元特征	1. 一般而言，寄主在形态上大于寄生者 2. 同类单元亲近度要求高 3. 异类单元只存在单向关联	1. 形态方差可以较大 2. 同类单元亲近度要求高 3. 异类共生单元存在双向关联	1. 形态方差较小 2. 同类单元亲近度存在明显差异 3. 异类共生单元之间存在双向关系	1. 形态方差趋近于零 2. 同类单元亲近度相同或相近 3. 异类共生单元之间存在双向关联
共生能量特征	1. 不产生新能量 2. 存在寄主向寄生者的能量转移	1. 产生新能量 2. 一方获得全部新能量，不存在新能量的广普分配	1. 产生新能量 2. 存在新能量的广普分配 3. 广普分配按对称机制进行	1. 产生新能量 2. 存在新能量的广普分配 3. 广普分配按对称机制进行
共生作用特征	1. 寄生关系并不一定对寄主有害 2. 存在寄主与寄生者的双边单向交流机制 3. 有利于寄生者进化，而一般不利于寄主进化	1. 对一方有利而对另一方无害 2. 存在双边双向交流机制 3. 有利于获利方进化，无补偿机制时不利	1. 存在广普的进化作用 2. 不仅存在双边双向交流机制，而且存在多边多向交流机制 3. 由于分析机制的不对称性，导致进化的非同步性	1. 存在广普的进化作用 2. 既存在双边交流机制，又存在多边交流机制 3. 共生单元进化具有同步性

资料来源：袁纯清．共生理论——兼论小型经济［M］．北京：经济科学出版社，1998：48-55.

共生模式不是固定不变的，它反映的是共生单元之间的共生行为方式和共生程度。当共生单元的性质和共生环境发生变化时，共生关系就会随之发生相应的变化，即形成新的共生模式。共生的进化在某种程度上讲，就是共生行为方式和共生程度的变化，如从寄生关系向互惠共生关系进化，从点共生关系向一体化共生关系进化。

2.1.2.3 共生环境

共生单元与共生单元之间的关系是在一定环境中产生和发展的，这就是共生环境，包括共生单元以外的所有因素①。例如，在植物共生关系中，水、

① 袁纯清．共生理论——兼论小型经济［M］．北京：经济科学出版社，1998：8.

大气和土壤是它的共生环境；在家庭共生关系中，社会是它的共生环境；在企业共生关系中，市场、政策等因素是它的共生环境。不同的共生环境对共生关系的影响也不相同①。共生环境有直接环境和间接环境，主要环境和次要环境，正向环境（对共生体起激励和积极作用）、中性环境（对共生体既无积极作用，也无消极作用）和反向环境（对共生体起抑制和消极作用）之分②。

2.1.2.4 共生要素的关系

三个共生要素的关系以共生单元（U）为基础，以共生模式（M）为关键，以共生环境（E）为外部条件③。三者的关系不仅反映了共生的条件、性质和特征，同时还反映了共生的动态变化方向和规律，任何共生关系都是这三要素相互作用的结果④。如果用向量 $\vec{S}$ 代表共生关系，$\vec{S}=(S_1, S_2, \cdots, S_n)$，$\vec{U}$ 代表共生单元，$\vec{U}=(U_1, U_2, \cdots, U_m)$，$\vec{M}$ 代表共生模式，$\vec{M}=(M_1, M_2, \cdots, M_k)$，$\vec{E}$ 代表共生环境，$\vec{E}=(E_1, E_2, \cdots, E_l)$，$n$、$m$、$k$、$l$ 可相等也可不相等，则 $\vec{S}=(\vec{U}, \vec{M}, \vec{E})$。

2.1.3 共生的条件

共生的发生需要满足一定的条件，即所谓的共生条件。对共生条件的分析，可以帮助我们弄清共生是如何发生的。共生条件通常包括以下几种：

2.1.3.1 共生的必要条件

第一，候选共生单元之间至少有一组质参量兼容，即存在某种对应关系，质参量可以相互表达⑤；第二，候选共生单元之间至少能生成一个可以自由活动的共生界面⑥；第三，同类同代共生单元的同质度、同类异代共生单元的亲近度、异类共生单元之间的关联度都应不小于某一临界值，这样共生关系才可能发生⑦。

---

①③④ 袁纯清．共生理论——兼论小型经济［M］．北京：经济科学出版社，1998：9.
② 袁纯清．共生理论——兼论小型经济［M］．北京：经济科学出版社，1998：10.
⑤⑥ 袁纯清．共生理论——兼论小型经济［M］．北京：经济科学出版社，1998：18.
⑦ 袁纯清．共生理论——兼论小型经济［M］．北京：经济科学出版社，1998：18-19.

2.1.3.2 共生的充分条件

共生的必要条件是共生关系产生的基础，但必要条件成立，共生并不必然发生，要真正实现共生还需要依赖三个充分条件①：第一，候选共生单元之间能够通过共生界面顺利地进行物质、信息和能量的交流；第二，候选共生单元通过共生界面的相互作用能够产生新能量，这种新能量可以用共生能量函数表示；第三，候选共生单元通过共生界面不断进行相互间的信息交流和积累，这个交流和积累信息的过程就是共生的识别过程，当 A 和 B 任意一方关于对方的信息量积累，即信息丰度达到一定临界点时，我们认为共生的识别过程即宣告完成。

2.1.3.3 共生的均衡条件

共生的必要条件和充分条件是共生的静态条件，决定共生的形成。要分析共生现象的发展和优化，还需要关注共生的动态条件，即均衡条件和稳定条件。

第一，共生维度均衡条件。共生界面的存在保证了共生过程能够增加新能量，即共生利益，但由于共生维度的界面大小、介质特性、界面种类和共生模式等因素的存在，导致在产生新能量的同时也将产生损耗，而当共生单元维度增加，所导致的边际共生利益和边际共生损耗相等时，我们称共生达到维度均衡②。此时，共生维度增加所带来的净共生利益的增加值为零，整个共生系统的共生利益达到最大值。

第二，共生密度均衡条件。通常情况下，无论何种共生单元，即使具备共生的所有条件，其数量也不能无限增加，因为共生单元密度的增加会导致共生利益和共生损耗同时增加，因此，当共生单元密度增加时所导致的边际共生利益和边际共生损耗相等时，我们称共生达到密度均衡③。此时，共生密度增加所带来的净共生利益的增加值为零，整个共生系统的共生利益达到最大值。

---

① 袁纯清．共生理论——兼论小型经济［M］．北京：经济科学出版社，1998：19.

② 袁纯清．共生理论——兼论小型经济［M］．北京：经济科学出版社，1998：20.

③ 袁纯清．共生理论——兼论小型经济［M］．北京：经济科学出版社，1998：21.

2.1.3.4 共生的稳定条件

共生系统实现总量均衡并不意味着共生系统稳定，共生系统稳定与否主要取决于共生的内部结构①。

第一，共生稳定的匹配条件。反映共生单元质参量之间的内在必然联系②，包含两个层次：其一，在给定的信息状态下，亲近度最高的同类共生单元之间或关联度最大的异类共生单元之间的共生最稳定③；其二，在不完全信息条件下，信息丰度最高的共生单元将最先进入共生系统，随后，亲近度或关联度较高的共生单元将替代亲近度或关联度较低的共生单元④。

第二，共生稳定的分配条件。稳定的共生关系，必须保证在共生过程中的投入和产出分配或者损耗和能量分配达到一个均衡的状态，保证这种均衡得以实现的分配条件即为共生稳定的分配条件。

2.1.4 共生的基本原理

共生的基本原理即共生系统赖以形成和发展的基本规则，它反映的是共生系统形成和发展中的内在必然联系⑤。共生的基本原理是对共生现象进行分析的基本依据和框架。

2.1.4.1 质参量兼容原理

质参量兼容是指候选共生单元的质参量之间可以相互表达⑥。质参量兼容反映了共生单元之间的本质属性，是识别共生单元之间是否存在共生关系的基本依据⑦，质参量兼容的方式决定了共生模式⑧。例如，企业 C 和 D 形成共生关系，质参量兼容可以表现为 C 和 D 之间的技术互补、产品供需关系匹配等。质参量随机性兼容对应点共生模式，不连续的因果性兼容对应间歇共生模式，连续的因果性兼容对应连续共生模式或一体化共生模式⑨。

---

① 袁纯清．共生理论——兼论小型经济［M］．北京：经济科学出版社，1998：21.
②③④ 袁纯清．共生理论——兼论小型经济［M］．北京：经济科学出版社，1998：22.
⑤ 袁纯清．共生理论——兼论小型经济［M］．北京：经济科学出版社，1998：62.
⑥ 袁纯清．和谐与共生［M］．北京：社会科学文献出版社，2008：62.
⑦⑨ 袁纯清．共生理论——兼论小型经济［M］．北京：经济科学出版社，1998：63.
⑧ 袁纯清．共生理论——兼论小型经济［M］．北京：经济科学出版社，1998：64.

2.1.4.2 共生能量生成原理（共生利益形成原理）

共生的过程能够生成新能量是共生重要的本质特征①。共生能量是共生单元通过共生界面作用所产生的物质成果，是共生系统及共生单元质量提高和数量扩张的前提条件，不产生共生能量的共生系统是不能增殖和发展的②。对于人类社会中的共生个体或共生组织而言，共生能量的生成表现为生存能力和增殖能力的增强，以及经济领域中企业经济效益的提高、经济规模的扩大和经营范围的拓展等。

2.1.4.3 共生界面选择原理

共生界面的选择机制不仅决定共生单元的数量和质量，而且决定共生能量的生产和再生产方式③。当共生界面对共生对象进行选择时，在不完全信息条件下，采用竞争性选择规则，通过竞争来实现信息的自我裸露，提高信息丰度；在完全信息条件下，采用非竞争性的亲近度规则和关联度规则，即亲近度最高的同类共生单元之间或关联度最大的异类共生单元之间的共生最容易实现稳定。

2.1.4.4 共生系统相变原理

共生系统是指由共生单元按照某种共生模式和共生类型构成的共生关系的集合④，如表 2-3 所示。共生系统从 S_{41}状态到 S_{44}状态的过程反映共生组织

表 2-3 共生系统的状态

组织模式 M 行为模式 P	点共生模式 M_1	间歇共生模式 M_2	连续共生模式 M_3	一体化共生模式 M_4
寄生 P_1	S_{11}（M_1，P_1）	S_{12}（M_2，P_1）	S_{13}（M_3，P_1）	S_{14}（M_4，P_1）
偏利共生 P_2	S_{21}（M_1，P_2）	S_{22}（M_2，P_2）	S_{23}（M_3，P_2）	S_{24}（M_4，P_2）
非对称性互惠共生 P_3	S_{31}（M_1，P_3）	S_{32}（M_2，P_3）	S_{33}（M_3，P_3）	S_{34}（M_4，P_3）
对称性互惠共生 P_4	S_{41}（M_1，P_4）	S_{42}（M_2，P_4）	S_{43}（M_3，P_4）	S_{44}（M_4，P_4）

资料来源：袁纯清．共生理论——兼论小型经济［M］．北京：经济科学出版社，1998：59.

① 袁纯清．共生理论——兼论小型经济［M］．北京：经济科学出版社，1998：64.
② 袁纯清．共生理论——兼论小型经济［M］．北京：经济科学出版社，1998：65.
③ 袁纯清．共生理论——兼论小型经济［M］．北京：经济科学出版社，1998：67.
④ 袁纯清．共生理论——兼论小型经济［M］．北京：经济科学出版社，1998：69.

化程度的提高、共进化作用的增强；从 S_{14}状态到 S_{44}状态的过程反映共生能量分配对称性的提高。共生系统的相变就是指系统从一种状态向另一种状态转变的过程①。共生系统的相变既影响共生单元的发展变化，也影响共生系统的发展变化②。

2.1.4.5 共生系统进化原理

进化是共生系统的本质。共生单元之间的相互作用导致彼此的生存能力和增殖能力提高，就是共生系统进化的体现。而生物共生理论研究的大量证据表明，对称性互惠共生代表着共生系统进化的一致方向，是生物界和人类社会进化的终极目标和根本法则③。

2.1.4.6 小结

本部分对作用于共生系统的五个基本原理进行了简要阐述，如表 2-4 所示，这些原理是在对共生系统进行深入分析研究后所得出的研究结论，能够比较全面地反映共生系统产生和发展的基本规律，运用这些原理我们能够对共生对象、共生关系进行更为深入和全面的剖析和研究，并为社会共生系统的识别、设计与构造提供较为完善的理论基础。

表 2-4 共生的基本原理比较

共生原理	关键概念	基本思想	主要作用
质参量兼容原理	共生单元的质参量可以相互表达的特性称质参量兼容	质参量兼容与否决定共生关系形成的可能性，质参量兼容的方式决定共生模式	共生条件识别，决定共生模式
共生能量生成原理	共生过程能够生成新能量是共生重要的本质特征。共生能量是共生过程产生的物质成果	共生能量是共生系统及共生单元质量提高和数量扩张的前提条件。共生能量能否形成取决于共生系统的全要素共生度	共生系统识别，共生能量最大化路径设计

① 袁纯清．共生理论——兼论小型经济［M］．北京：经济科学出版社，1998：69.
② 袁纯清．共生理论——兼论小型经济［M］．北京：经济科学出版社，1998：70.
③ 袁纯清．共生理论——兼论小型经济［M］．北京：经济科学出版社，1998：71.

续表

共生原理	关键概念	基本思想	主要作用
共生界面选择原理	共生界面的选择决定共生单元的数量和质量，而县决定共生能量的生产和再生产方式	在不完全信息条件下，采用竞争性选择原则；在完全信息条件下，采用非竞争性的亲近度规则和关联度规则	提高信息丰度，识别信息亲近度和关联度
共生系统相变原理	共生系统的相变就是共生系统从一种状态向另一种状态转变的过程	a相变主要引起共生行为模式的变化，d相变主要引起共生组织模式的变化，b相变可能引起共生模式变化，也可能引起共生类型变化，属于混合相变	相变识别，相变的调节与控制
共生系统进化原理	进化是共生系统的本质，对称性互惠共生是共生系统进化的一致方向	对称性互惠共生是共生系统进化的一致方向，是共生系统进化的根本法则	进化状态识别，掌握进化的阶段和路径，促进进化

资料来源：袁纯清．共生理论——兼论小型经济［M］．北京：经济科学出版社，1998：73.

2.1.5 共生理论的分析方法

2.1.5.1 共生理论分析的基本逻辑

共生理论分析的基本逻辑就是通过对各类共生现象的剖析来弄清共生的客观规律，揭示各共生要素之间的必然联系①，如图2-1所示，其中8个判据是共生系统分析的逻辑节点。

判据1：质参量兼容。用于判定候选共生单元之间是否存在共生关系。

判据2：共生组织模式。按照共生界面的特征不同，判明共生现象属于哪种组织模式。

判据3：共生行为模式。按照共生的能量特征和分配特征不同，判明共生现象属于哪种行为模式。

判据4：共生能量生成。判明共生系统是否生成新能量。共生能量生成的判断参数是全要素共生度②。

① 袁纯清．共生理论——兼论小型经济［M］．北京：经济科学出版社，1998：74.

② 袁纯清．共生理论——兼论小型经济［M］．北京：经济科学出版社，1998：75.

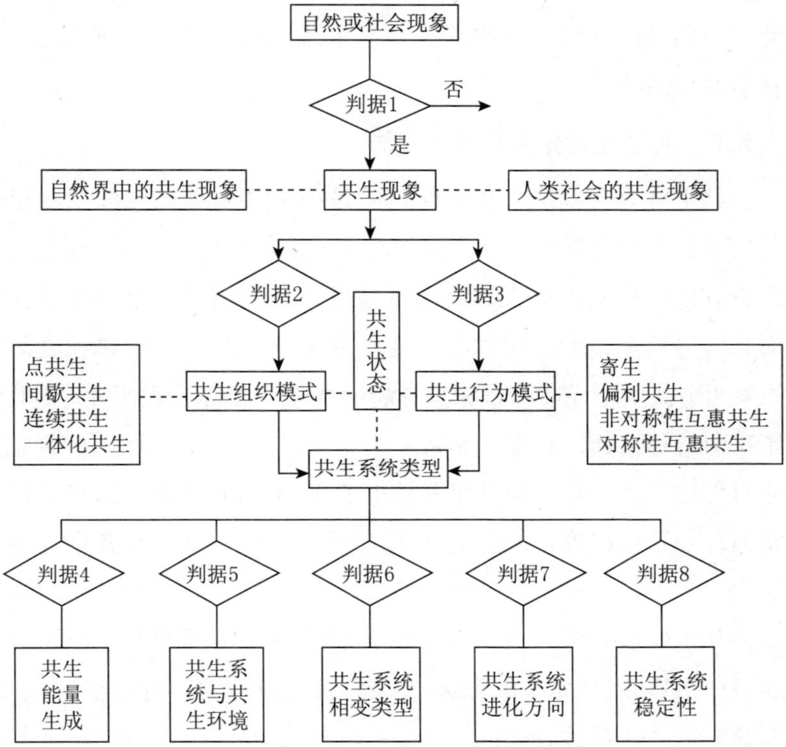

图 2-1 共生分析的基本逻辑

判据 5：共生界面选择。共生单元对共生界面的选择决定了共生系统与共生环境之间的关系①。主要通过共生单元之间的信息丰度和密度条件进行判断。

判据 6：共生相变判据。判明共生系统如何从一种状态向另一种状态转变。

判据 7：共生进化法则。共生系统进化的终极目标是对称性互惠共生，通过分析共生系统偏离对称性互惠共生系统的程度来判明共生进化的方向②。

判据 8：共生稳定性。通过单要素共生度和单元共生度来判明共生单元的稳定程度。

①② 袁纯清 . 共生理论——兼论小型经济［M］. 北京：经济科学出版社，1998：75.

共生理论分析的每一个判据都是从不同的角度反映共生关系的性质或特征，因此，我们可以选用全部或部分判据来认识和了解所要研究的自然共生系统和社会共生系统。

2.1.5.2 共生理论分析的基本方法

第一，共生度分析方法。共生度指的是两个共生单元之间质参量变化的关联度，反映的是两个共生单元质参量相互影响的程度①。对共生度进行分析是共生理论分析中最基本的方法。通常情况下，我们以一个共生单元质参量变化率引起的另一个共生单元质参量变化率来测算两个共生单元之间的共生度②。如果两个共生单元质参量相互影响的变化率相等且大于0，则我们判定二者处于正向对称性共生状态；如果不相等，但均大于0，则我们判定二者处于正向非对称性共生状态；如果相等且小于0，则我们判定二者处于反向对称性共生状态；如果不相等，但均小于0，则我们判定二者处于反向非对称性共生状态。

第二，共生界面分析方法。对共生界面的分析主要涉及三个参数：一是共生界面特征系数 λ，$\lambda \in [0, +\infty]$，反映其效率特征和阻尼特征；二是共生界面能量使用选择系数 β，$\beta \in [0, +\infty]$，反映其发展特性；三是共生界面非对称分配因子 α，$\alpha \in [-1, 0]$，反映其分配特性，当 $\alpha = 0$ 时表示共生系统完全对称分配。

第三，共生模式分析方法。前面详细论述过共生系统的两种模式：一是共生组织模式，侧重反映共生单元之间相互作用的组织方式；二是共生行为模式，侧重揭示共生系统各单元之间相互作用的行为类别。共生模式分析方法就是通过运用共生理论分析判据识别共生关系究竟属于哪一种共生模式的过程。

除此之外，共生理论分析的方法还有共生系统分析方法、质参量分析方法、数理分析方法等，都是对共生现象进行深入研究和探索的有力工具。本书在依据共生的基本原理的基础上，选用了第三种共生模式分析方法进行研究。

---

①② 袁纯清．共生理论——兼论小型经济［M］．北京：经济科学出版社，1998：12.

2.2 共生与旅游研究

将共生理论运用到社会科学诸多领域中大概是从20世纪50年代以后才开始的，在旅游领域中运用共生理论则是在2000年以后。经阅读整理资料发现，大部分研究成果集中在2009—2014年。研究的切入点主要涉及对旅游共生概念和内容的探讨，对旅游共生关系的研究，以及将共生理论应用到旅游区可持续发展评价、旅游利益相关者分析、旅游资源整合、旅游产品开发、乡村旅游、民族地区旅游发展、旅游企业进化问题、产业链及产业集群共生问题等方面，研究成果最为集中的是将共生理论用于研究国内不同行政区区域旅游的合作问题，而将共生理论运用于研究跨国界区域旅游合作则不多见。

2.2.1 旅游共生概念的提出

由于旅游业的迅猛发展，旅游市场也逐渐由卖方市场向买方市场转变，导致旅游行业竞争加剧。同时，随着旅游者观念的个性化和多样化特点日渐突出，市场环境更加变幻莫测，商业机会转瞬即逝，给旅游行业的发展带来了前所未有的挑战。打破原来你死我活的“零和”竞争模式，以合作争取市场份额，已成为各旅游地或旅游企业的共识，而“共生”是最有效获得“双赢”的合作方式①。钟俊（2001）提出共生是旅游发展的新思路，并运用共生的思想和概念来解释旅游共生的含义和特质，提出旅游共生形式和实施措施。这也是目前检索到的国内最早提出旅游共生概念的文献。学术界对旅游共生的含义目前有两种表述：

一是指旅游地区内和区际出于对整个（或局部）市场的预期目标和总体经营目标的共同意愿而自愿采取的一种合作经营方式，能够促进共生单元（旅游地或企业）竞争力的增强，包括同质共生和异质共生②。

①② 钟俊. 共生：旅游发展的新思路［J］. 重庆师专学报，2001（3）：17-19.

二是指旅游系统内部各子系统之间、旅游活动的各环节之间、旅游开发管理的各相关主体之间、旅游业与其他产业之间，以及不同区域的旅游地之间，在旅游发展过程中所形成的相互结合、相互依赖、相互促进的关系①。

旅游共生的思想突破了“零和”的竞争观念，作为一种全新的发展理念，是在承认竞争存在的前提下，强调实现协同共生的可能及意义②。其特质在于：追求全局共赢，获得成本优势，实现集成目标，创造“先动者”优势，获得歧异性优势，增强抗风险能力③。

2.2.2 共生与旅游可持续发展问题

基于旅游开发和无序竞争所引起的一系列社会、文化、环境等问题，有学者从共生的角度尝试探讨旅游业的可持续发展，认为多年来世界旅游业的飞速发展所带来的巨大经济利益，导致片面追求旅游经济效益而造成了生态环境的破坏（李向农、丁艳平，2007）和文化的丧失（龙茂兴、王华，2012）等一系列问题，这些问题反过来又影响和制约了旅游业的发展，造成了“双输”或“多输”的局面，因此提出了在共生理论基础上建立旅游区可持续发展评价指标体系（吴更敏、王力峰，2008），如表2-5所示，主张通过对利益相关者的满意度测量和环境质量评估两大指标体系来评估旅游区的可持续发展。

---

①② 吴世辉．旅游共生机制研究［J］．和田师范专科学校学报（汉文综合版），2008（3）：184-185.

③ 钟俊．共生：旅游发展的新思路［J］．重庆师专学报，2001（3）：17-19.

表 2-5 旅游区可持续发展评价指标体系

目标层	准则层（权重）	指标层（权重）	指标要素层	权重	总排序权重
旅游区可持续发展评价指标体系	旅游区主要利益相关者子系统	旅游者满意度	1. 景区观赏性 2. 旅游活动安排 3. 景区及其周边服务配套设施（餐饮、住宿、医疗等） 4. 游客容量 5. 旅游解说系统（导游讲解、标识等） 6. 景区工作人员服务质量 7. 商品购物情况 8. 景区基础设施建设（道路、通信、观景设施等） 9. 景区环境状况 10. 旅游安全设施及应急处理能力 11. 当地居民友好度		
		当地居民满意度	12. 旅游对生活水平的影响 13. 旅游对生活环境的影响 14. 旅游对当地传统文化的影响 15. 政府发展旅游的相关政策 16. 旅游区提供的就业机会 17. 外来投资对当地的影响 18. 利益分配		
		旅游企业满意度	19. 政府部门支持 20. 当地居民支持 21. 当地基础设施 22. 游人数量 23. 景区收益 24. 企业社会认可度		
		当地政府满意度	25. 对地方经济的带动作用 26. 旅游税收贡献 27. 旅游事故率 28. 增加当地就业情况 29. 公共生活环境 30. 社区和谐稳定程度 31. 对社会精神风貌的影响		
	环境子系统	生态环境	32. 空气环境质量 33. 水体环境质量 34. 声环境质量 35. 废弃物处理达标率 36. 自然植被覆盖率 37. 旅游容量指数（理论容量与实际接待量之比）		

2.2.3 利益相关者共生机制问题

对利益相关者共生机制的研究有基于生态旅游（纪金雄、陈秋华，2009）的探讨，也有基于景区的案例研究，如以武夷山下梅古村落（纪金雄，2011）和济南九顶塔景区（张广海、陈冉，2011）为代表进行的研究。关于利益相关者共生系统的分析主要包括：

第一，共生单元。以上几位学者的研究一致认为在利益相关者共生系统中，旅游企业、当地政府、旅游者、当地社区是核心利益相关者，即主要共生单元。

第二，共生模式。旅游研究者普遍认为利益相关者的共生组织模式兼有从寄生向对称性互惠共生的进化，共生行为模式兼有从点共生向一体化共生的进化。

第三，共生环境。现有研究者普遍赞同在利益相关者共生系统中，共生环境是除主体利益相关者以外的一切影响生态旅游发展的因素总和。

第四，共生界面。研究表明，利益相关者共生系统的共生界面主要表现为各利益相关者通过自身能力共同实现的旅游活动。如旅游企业所提供的产品、设施、就业岗位及经营行为（纪金雄、陈秋华，2009）①，旅游者所购买和参与的旅游活动，当地社区居民为旅游者提供的产品和服务，当地政府制定的旅游开发政策、制度和管理措施等（张广海、陈冉，2011）②。

第五，共生机制。有的学者提出了利益共享机制、利益协调机制、一体化机制（纪金雄、陈秋华，2009），有的学者提出了引导参与机制、责任分担机制（张广海、陈冉，2011），有的学者提出了利益表达机制、利益分配机制、利益补偿机制、利益保障机制（纪金雄，2011），等等。

2.2.4 共生与旅游资源整合问题

区域旅游资源的整合，除了考虑经济因素外，还涉及政治、文化、生态

---

① 纪金雄，陈秋华．生态旅游利益相关者共生机制研究［J］．现代农业，2009（6）：109-112.

② 张广海，陈冉．旅游景区利益相关者共生机制研究［J］．经济研究导刊，2011（24）：178-194.

环境和观念等因素，共生理论应用于研究旅游资源整合具有先天的优势（王东红，2009）。把共生理论运用于旅游研究，就是在承认竞争和利益冲突的前提下，着眼于发展和保护共同优势，实现区域旅游资源综合效益最大化的过程，在这一过程中同类旅游资源的相似程度和异类旅游资源的互补程度决定其共生方式（韩芳、吴焱、帕尔哈提·艾孜木，2005）。旅游资源整合的共生机制包括市场主导机制和区域合作联动机制（王东红，2009）。当然，旅游资源的整合还涉及“边界共生”的问题，有的学者从旅游产品构建、区域旅游形象塑造、旅游市场开拓等方面提出了省际旅游经济空间整合的实施途径（王凯，2004）；有的学者就具体的旅游区域提出了“边界共生”旅游合作的开发模式（姜坤、章锦河、王浩，2007），如大别山。这些研究成果为边界旅游资源的整合、边界区域开发合作与管理提供了思路和依据。

2.2.5 共生与特种旅游开发问题

学者们对将共生理论应用于探索特种旅游研究做了很多尝试。围绕影视型主体旅游，基于央视无锡影视基地调查研究，学者郭文、王丽（2008）提出了影视基地旅游开发的四位一体多元共生模式，包括“股份制集团+影视基地”的管理共生、“区位+选址”的区域共生、“影视+旅游”的产业共生和“吴地文化+古典文化”的文化共生。基于湘西影视建构的“想象共同体”，毛攀云（2013）提出了影视湘西与湘西旅游的共生格局和共生发展思路。利用奥运会在北京召开的契机，徐虹、李筱东、吴珊珊等学者（2008）将中国体育产业和旅游业融合，围绕体育旅游的开发，提出了“三角”互动和“红心钻石”利益协调机制，通过对利益相关者的协调实现体育旅游的开发。基于汶川8.0级地震后的四川旅游发展问题，王金伟、王士君（2010）探索了黑色旅游的动力机制及共生模式。与此同时，将共生理论用于探索红色旅游发展的研究也取得了进展，提出营造最优化共生环境，培育“红”与“古”“俗”“绿”“闲”等要素之间的共生关联度，构建最优化共生密度，打造最优化共生界面的观点（龙凌，2013）。以福建省为例，对红色旅游与生态旅游共生发展问题进行了探讨（储德平，2012）；以吉林省为例，提出了产业、区域、管理、利益、文化、产品六大要素共生的发展模式（高科、刘海洋，

2012)。学者邹统钎、陈序桄（2006）以北京市怀柔区北宅村为例，深入探索了乡村旅游经营者共生机制，提出了经营者的分工共生模式和合作共生模式，两种模式都表现为双方或多方协同合作的关系，并进一步提出了乡村旅游的共享、协调和一体化机制①；学者郭永昌（2011）提出了乡村社区—旅游景区共生模式；学者黄忠伟（2013）则对广西乡村旅游跨行业的合作研究进行了一些尝试。

2.2.6 旅游业与其相关产业共生问题

用共生理论来研究旅游业的发展问题是从旅游业与农业的合作发展起步的，认为强调回归自然的生态旅游的兴起是旅游业与农业共生发展的契机，并以海南（马斌、宋顺清，1996）和湖南郴州（何相波，2004）旅游业发展为例，提出丰富的农业资源是两者共生的载体（马斌、宋顺清，1996；何相波，2004），通过共生能够很好地协调两大产业发展与环境之间的矛盾（马斌、宋顺清，1996），可依赖森林公园、庄园农业、休闲观光农业、淡水及海滨养殖休闲等途径实现农业与旅游业的合作共生（马斌、宋顺清，1996）。赵得成（2012）则将沙漠治理与生态旅游相结合，论述了治沙和旅游之间相互依赖的关系，并提出了两者合作共生的思路。有学者运用共生理论尝试构建旅游经济与生态环境之间的共生互动系统结构模型（李向农、丁艳平，2007)②，指出构成旅游经济与生态环境共生系统的共生单元包括旅游企业、旅游者、当地社区和保护区四个方面，其中旅游企业处于主导地位，其共生质参量分别为旅游企业经营管理能力、旅游者的有效旅游需求、社区从当地旅游发展中的获利能力、保护区内生物群落及非生物自然因素组成的各种生态系统的质量。也有学者提出了文化生态保护与旅游经济之间的共生模型(龙茂兴、王华，2012)。

---

① 邹统钎，陈序桄．乡村旅游经营者共生机制研究——以北京市怀柔区北宅村为例［J］．北京第二外国语学院学报，2006（9）：67-73.

② 李向农，丁艳平．旅游经济与生态环境共生互动模式研究［J］．经济师，2007．（10）：244-245.

2.2.7 共生与区域旅游合作问题

将共生理论应用于研究区域旅游合作问题最多的是区域旅游的竞合模式研究。区域旅游共生关系构成的条件包括：第一，旅游资源具有相似性（互补性），空间具有接近性；第二，具有文化、政治联系或资源、市场联系，服务设施基本配套，旅游者对区域的认知程度较高；第三，同类旅游地的相似程度或异类旅游地的互补程度决定共生方式，指出“一体化共生”是区域旅游竞合的理想组织模式，“对称互惠共生”是区域旅游竞合的理想行为模式（吴泓、顾朝林，2004）。共生区域旅游合作的共生机制包括环境诱导机制、共生动力机制和共生阻尼机制（张健华等，2008）。共生模式主要包括资源共生、管理共生、利益共生和环境共生四个方面（陈玉涛，2011），也可以从旅游空间拓展与资源整合、交通和信息网络共建、区域统筹管理、发挥区位优势等方面入手（陈国生等，2012）。

将共生理论用于研究民族地区旅游业的发展也属于区域旅游发展的一个研究方面，学者谭晓静（2011）从民族地区文化旅游发展的角度切入，提出了文化旅游中的互斥型共生、互补型共生和和谐型共生的概念，描述了民族地区文化旅游会经历一个因为利益冲突相互竞争，到可以相互妥协达成以交换和共享为基础的互补，再到利益均衡，最终实现共生共赢的和谐状态的过程。郭喜梅、李伟、李庆雷（2012）则以西双版纳傣族园为例，研究了社区参与视角下的民族旅游地发展共生机制。姬梅、朱普选、章杰宽（2012）以拉萨为例提出了拉萨旅游产品开发中的“共生进化”发展模式。

2.2.8 共生与旅游的其他问题

王佳、陈冰冰（2011）以唐山、秦皇岛、沧州为例，研究了河北省旅游空间结构的优化问题，并强调合理的旅游营销是旅游客源空间结构优化的重要手段。许辉春（2013）提出旅游产业集群的共生动力机制，即产生机制（旅游产业集聚基础上的产业联系催化了旅游产业集群的产生）、发展机制、风险机制和判断机制。申秀英、卜华白（2006）从中国古村落旅游企业“共生进化”的环境条件、运作模式及能量生成三个方面研究了中国古村落旅游企业之间及其与其他关联企业之间的“共生进化”问题。弓志刚、李亚楠（2011）对乡村旅游的产业链共生系统进行了研究。冯艳滨、李鑫（2011）对生态旅游中的人鹤共生模式及其演化进行了分析。陈小辉、樊海强（2012）将共生理论应用于风景旅游地的城市规划设计研究。袁尧清、文红（2012）研究了区域旅游的共生均衡路径。毛长义等（2012）以重庆16个国家级历史文化名镇为例，探讨了基于共生区域的古镇（村）旅游驱动模式，包括城市居民游憩需求驱动下的“古镇—城市”共生模式、旅游热点（线）带动下的“古镇（村）— 景区”共生模式、旅游两性竞合下的“古镇（村）— 古镇（村）”共生模式。

2.2.9 旅游共生的量化分析

关于共生理论在旅游业中的应用研究，绝大部分学者采取的是定性研究的方法，但也有学者尝试应用共生理论的量化分析方法进行实证定量研究。

白凯、孙天宇（2010）将共生理论运用于西安曲江唐文化旅游区旅游形象共生互动关系研究，通过问卷调查的形式，采用李克特5点量表分析方法对西安曲江唐文化旅游区的主体形象进行认知评价，调查所得数据通过SPSS进行分析，以验证旅游区中大雁塔和大唐芙蓉园对整个旅游区旅游形象影响的贡献度，揭示旅游景区形象的共生互动关系。另外，有学者将共生理论运用于青藏地区入境旅游共生关系检验（唐仲霞、马耀峰、魏颖，2012），选取2000—2009年《中国统计年鉴》《中国入境游客抽样调查资料》等的相关数据，通过SPSS分析方法对青海和西藏区域旅游合作的共生关系进行检验，用定量的方法充分说明了青海和西藏是典型的共生关系，并得出结论：青藏地区之间存在显著的相关性，两个单元处于正向非对称共生状态，其中青海对西藏旅游的影响较大，西藏对青海的旅游影响较小。

旅游共生领域的量化分析还包括入境旅游流共生态势研究。旅游流一直是旅游地理学关注的重点，将共生理论应用到旅游地理学中来分析入境旅游流的共生态势，是对区域旅游共生的补充和完善。通过对我国东部环渤海、长三角、珠三角三大典型旅游区的入境旅游流动态共生态势进行分析，提出了旅游区共生的内部和外部策略（刘丽，2010）。学者唐仲霞等（2011）也借用这一理论探讨了青藏地区入境旅游流的共生态势，从空间和时间尺度分析上得出了青藏地区入境旅游流的共生态势趋同、存在较强共生关系的结论。

这些学者的研究弥补了在旅游业研究中对共生的定量分析的不足，将区域旅游的合作从形式推向了内容，也为我们切切实实地运用共生理论分析和解决旅游共生问题提供了宝贵的经验借鉴。

2.2.10　旅游共生的研究区域

随着对共生理论内涵认识的深入，很多学者都致力于将该理论用于研究区域旅游合作问题，并取得了明显的成效。目前涉及的研究区域包括：海南（马斌、宋顺清，1996），郴州（何湘波，2004），淮海经济区（吴泓、顾朝林，2004），新疆地区（韩芳、吴焱、帕尔哈提·艾孜木，2005），南疆五地州（韩芳、帕尔哈提·艾孜木，2006），北京怀柔区北宅村（邹统钎、陈旭桃，2006），中国西部地区（丁艳平、李向农，2008），无锡影视基地（郭文、王丽，2008），闽台地区（张健华、余建辉、洪元程，2008；曾艳芳、梁海燕，2010），桂西南地区（肖扬，2009），南宁伶俐镇渌口坡（欧阳勇锋、谈燕君，2009），江西大余（曾群洲、陈艳，2009），广西北部湾经济区（陈学强、刘潇、杨超，2009），闽西地区（黄小梅，2010），福建（李文祥、郑耀星，2010；储德平，2012），长三角地区（朱俊成，2010；郭旸，2011；孙长青、孙冬玲，2012），关中天水经济区（丁艳平，2010），恩施州“清江山水旅游走廊”（邓小艳，2010），鄂西生态文化旅游圈（马勇、何莲，2010），滇西北旅游区（苏章全、李庆雷、明庆忠，2010），鄱阳湖生态经济区（郑智、刘文辉，2010），西安曲江唐文化旅游区（白凯、孙天宇，2010），东部三大典型旅游区（刘丽、赵磊、冯学钢，2010），四川（王金伟、王士君，2008），黄河三角洲滨州、东营两地（陈玉涛，2011），成渝地区（郑治伟，2011），青藏地区（唐仲霞等，2011，2012），河北唐山、秦皇岛、沧州等地（王佳、陈冰冰，2011），西江千户苗寨（周茜茜、李伟，2011），山西（弓志刚、李亚楠，2011），云南昭通大包山（冯艳滨、李鑫，2011），云南和顺古镇（姜太芹，2011），武夷山下梅村（纪金雄，2011），济南九顶塔景区（张广海、陈冉，2011），桂黔湘边区（朱德亮、张瑾，2012），潮汕地区

(王晓丽、杨佩群，2012)，厦金两地（赵娇娇、方旭红，2012)，武夷山（陈小辉、樊海强，2012)，云南西双版纳傣族园（郭喜梅等，2012)，湘西州（龙茂兴、王华，2012)，大别山革命老区经济社会发展试验区（张春琳、邓小艳，2012)，长江三峡地区（牟红、班倩倩，2012)，武陵山区（陈国生、张瀚文、肖晶，2012)，拉萨（姬梅等，2012)，吉林（高科、刘海洋，2012)，皖江城市带（甄丽君，2013)，重庆16个国家级历史文化名镇（毛长义、张述林、田万顷，2012)，京津冀地区（孙振杰、高宏、刘丽华，2012；孙振杰、董国英、李秀娥，2012)，湘黔渝川边缘地区（陈国生、张瀚文、赵晓军，2013)，长株潭地区（龙凌，2013)，湘西（毛攀云，2013)，广西（黄忠伟，2013)。也有学者从国际区域旅游合作的视角来进行探讨，区域主要涉及东北亚地区（李刚，2008)、中国与东南亚地区（闫红霞，2012)、孟中印缅旅游圈（刘云，2013）等。

2.2.11 旅游共生研究的不足

总体上看，自2000年至今，应用共生理论在分析和探讨旅游共生关系、旅游共生模式、旅游共生机制等方面取得了较大的进展，并有丰富的研究成果，特别是2009—2014年，在区域旅游合作方面取得了显著的进展，越来越多的学者开始借助这一理论研究旅游的合作与发展问题。在对这些成果进行学习和总结的基础上，也发现了研究中存在的几点不足：

首先，对旅游共生的理论研究比较欠缺，没有形成完整的思路和体系，只是比较概括性地提出了旅游共生的概念（钟俊，2001；吴世辉，2008)，虽然后面一些学者也尝试从多方面进行补充和完善（陈学强等，2009)，但仍然不足以形成完整的理论体系。

其次，对旅游共生的要素分析不够深入，多半流于形式。旅游业是一个庞大而复杂的产业，涉及社会诸多领域和诸多行业，因此旅游共生单元、共生模式和共生环境也具有相当的复杂性，在不同的界面上，会产生不同的共生单元，它们之间相互作用的不同又会导致共生模式的不同，在共生环境的不断变化和影响下，也会形成新的共生模式。如果能够选取一至两个旅游地，针对该区域的旅游活动，对旅游共生的本质要素进行深入探讨，必定会有新的收获。

最后，在现有的旅游共生方面的研究成果中，绝大部分学者都局限于定性研究，在所收录的文献中，定性研究占95%以上，而定量研究还不足5%。其实对共生单元质参量和象参量的分析，对共生模式中共生度、共生系数、关联度、亲近度、同质度、共生密度、共生维度等的分析，以及对共生环境中的共生能量函数的分析，都可以借助定量研究方法获得更进一步的研究结果。因此，在定量方面的研究探索仍然值得期待。

2.3 中越国际旅游区域合作研究

就目前所收集到的资料来看，在前人的研究成果中，很少有直接将滇越国际旅游区域合作作为研究对象的文献，多半的研究都集中在中越国际旅游合作这一平台，基于这一平台，相关研究主要围绕中越国际旅游合作的宏观层面展开。通常认为，中越国际旅游合作是从1994年4月8日中国和越南在越南河内签署双边旅游合作协定以后开始的，其中以对中国广西和云南两个边境省份与越南的旅游合作的研究最为丰富。总体上来看，中国广西和云南两省与越南旅游的全面合作启动时间都在1995年，随着旅游合作的不断扩大和深入，学术界对中越旅游合作的研究也层出不穷。

2.3.1 中越旅游合作中的重大事件

1992年，中国广西开放中越边境旅游业务；同年，亚洲开发银行大湄公河次区域合作（GMS）项目开始实施，中越是项目的重点区域。

1993年2月，中国云南开放中越边境旅游业务。

1994年4月8日，中越双方在越南河内签署了双边旅游合作协定。

1995年2月12日，北京—南宁—河内国际联运列车开通；同年8月，越南政府组织80多家各类企业赴中国昆明参加第一次昆明进出口商品交易会，11月，第一个中国云南旅游团队赴越南旅游。

1996年6月，中国广西与越南谅山签订恢复汽车邮路协议。

1997年12月，中国广西与越南相关部门签订协议，开通了“北海—下龙湾”中越海上旅游航线，这条跨国旅游黄金线路连接了中国桂林山水、北海银滩、东兴金滩和越南“海上桂林”下龙湾。

1999年初，中国广西与越南部分省市政府部门签订了旅游合作协议；同年4月6日，中越两国签订1999—2000年旅游合作计划；12月30日，签署《中国与越南陆地边界条约》。

2000年，中国广西与越南谅山、广宁、高平等省份签订开展双边汽车运输业务等10个协议；7月25日，中国南方航空公司与越南航空公司签订广州—胡志明市—广州航线代号共享协议；10月，中越两国签订关于“中国公民持护照到越南旅游的备忘录”；12月25日，中越两国在京签署《中越关于新世纪全面合作的联合声明》《中越关于两国在北部湾领海、专属经济区和大陆架的划界协定》等，该声明中确定了21世纪发展两国关系的十六字方针，即“长期稳定、面向未来、睦邻友好、全面合作”，并强调扩大旅游合作，鼓励两国旅游部门在管理、宣传、营销、人员培训等方面交流经验，加强合作，并为两国公民和第三国公民赴两国旅游提供便利。

2001年3月31日至4月4日，中国、老挝、缅甸、泰国、柬埔寨、越南六国的专家和有关人员在中国昆明举行了第六届湄公河旅游论坛，共商澜沧江—湄公河旅游开发大计；同年6月4—5日，“中越地区经贸合作国际研讨会”在昆明召开，邵琪伟副省长在大会发言中明确提出要大力推进双方旅游合作。

2002年，为吸引更多游客，越南驻华大使馆、越南国家旅游局、越南国家航空公司率由13家越南旅行社、宾馆、饭店等旅游部门组成的旅游贸易代表团到中国昆明推介旅游精品线路，为了吸引越南游客到中国云南旅游，云南也每年组团到河内参加“越南旅游展览交易会”；同年10月16—17日，越南和中国云南在河内联合举办“中国云南—越南经贸合作国际研讨会”，并再次强调双方要加强旅游合作。

2003年，中国云南旅游企业赴越南胡志明市举办旅游推介会，首次把昆明—大理—丽江旅游线推介到胡志明市，并与胡志明市建立旅游合作关系。

2004年6月，时任云南省省长徐荣凯带队赴越南考察访问，签订了滇越进一步加强旅游业合作的协议；9月，他再次对越南北部三省进行访问考察，洽谈与北部三省的旅游合作事宜；9月起，越南政府在中国广西南宁特别增设一个领事馆，以方便办理赴越南签证手续；10月6—7日，时任中国国务院总理温家宝对越南进行了正式友好访问，其间两国政府发表了《中越联合公报》，提出“两廊一圈”战略合作构想。

2005年4月30日，云南省旅游局与河内市旅游厅签署了全面旅游合作协议；7月28日，由中国湛江、防城港、北海与越南海防等9个城市共同签署“北部湾旅游圈旅游合作宣言”。

2007年8月15日，亚洲开发银行（ADB）表示将向中国提供3亿美元贷款，用以发展中国广西连接越南的公路建设，同时将提供6000万美元贷款，帮助恢复越南首都河内北郊与中国边境地区的铁路连接。

2008年4月27日，中国广西旅游局与越南四省旅游主管部门签署“中越边境旅游管理合作备忘录”。

2010年1月1日，中国—东盟自由贸易区正式全面启动，“10+1”模式形成。

2011年6月5日，国务院办公厅印发《兴边富民行动规划（2011—2015年）》，强调要大力促进边境地区特色优势产业的发展，依托旅游资源优势，大力培育开发具有边境特色的重点旅游景区和线路，鼓励发展边境旅游、民族特色村寨旅游、休闲度假旅游、生态旅游、探险旅游、农业旅游等特色旅游。

2012年10月31日，国务院批准《云南省加快建设面向西南开放重要桥头堡总体规划（2012—2020年）》。

2013年9月和10月，中国国家主席习近平分别提出建设“新丝绸之路经济带”和“21世纪海上丝绸之路”的合作倡议。

2015年3月28日，国家发展改革委、外交部、商务部联合发布了《推动共建丝绸之路经济带和21世纪海上丝绸之路的愿景与行动》，强调要充分发挥中国广西与东盟国家陆海相邻的独特优势，加快北部湾经济区和珠江—西江经济带开放发展，构建面向东盟区域的国际通道，打造西南、中南地区开放发展新的战略支点，形成21世纪海上丝绸之路与丝绸之路经济带有机衔接的重要门户，充分发挥云南区位优势，推进与周边国家的国际运输通道建设，打造大湄公河次区域经济合作新高地，将云南建设成为面向南亚、东南亚的辐射中心，推进中国西藏与尼泊尔等国家的边境贸易和旅游文化合作。

2016年7月，国家旅游局会同八部门制定下发《关于加快推动跨境旅游合作区工作的通知》和《跨境旅游合作区建设指南》，启动跨境旅游合作区工作。

2.3.2 中越旅游产品开发研究

中越边境旅游产品开发目前存在这样一些特征：一是边境旅游产品本身吸引力较强，氛围、神秘感、差异都是使边境成为重要旅游资源的原因；二是中越关系稳定，交通便捷，旅游客源稳定；三是由于中国游客赴越南旅游手续更加便捷，因此中方旅游需求相对旺盛，出多进少；四是由于中越边境线长，边境城市较多，因此旅游地之间不可避免地会存在竞争问题，需要加以重视（谢婷、钟林生等，2006）。基于这些特征，学者们进行了积极探讨，并提出了种种开发设想，包括中越开发跨国红色旅游"金三角"，以中国广西龙州县、靖西县和越南高平市这个在中越边境上地理分布呈三角形状的区域为主，开发中越跨国红色旅游产品（廖国一、杜书海，2006）；在"两廊一圈"框架下开发建设云南旅游走廊，其内容包括：建设元阳梯田—帽天山古生物化石群—轿子雪山自然文化遗产旅游线，石林、彝族文化—哀牢山、花腰傣文化—普者黑坝美、壮族文化景区和民族文化生态旅游线，弥勒葡萄酒—个旧锡矿工业文化旅游线，滇越铁路历史文化旅游线，河口—天保—金水河口岸边境旅游线，以中越边境贸易风情为主的边贸旅游线（李向春，2006）；在对滇越铁路历史感重构与补全式开发的基础上（李沁，2011），以滇越铁路建成100周年（1910—2010年）为契机，将滇越铁路整合为一项著名的工业遗产旅游资源（范玉洁，2011），开发滇越铁路文化旅游产品（赵书虹，2009）；基于对跨国自驾车游客调查意愿的分析，开发广西中越边境及跨国自驾车旅游产品（孔璎红、廖蓓，2010）。

2.3.3 中越国际旅游合作模式研究

基于"两廊一圈"国家战略合作等背景，遵循利益共享、共同市场和资源整合的原则（任伟，2009），国内学术界提出了关于中越国际旅游合作的模式。国际国内跨境旅游相结合模式要求中越双方建立一体化的市场和跨国旅游公司（廖国一，2006）；建立中越边境经济合作区，实施双边双主导开发模式，即由单边自主开发向单边自主与双边协调合作开发，进而向双边全面合作开发发展的过程（何政、黄凌军，2007），以中国广西凭祥与越南同登作为跨境经济合作区的先行先试改革试点（佘伯明，2011）；以城兴景模式，提出效仿美、加尼亚加拉瀑布城开发模式，建议中越在仿效《美、加尼亚加拉河调水协议》的基础上达成有关协议，实现以德天国际瀑布城为载体的中越边境观光、休闲、度假旅游同步发展（刘思敏，2007）；旅游合作区模式，即由边境线两侧国家共建跨境旅游合作区（何有良，2011）。关于跨界旅游合作，通常存在四种类型，即中央政府之间合作、地方政府之间合作、政府与私营企业合作、部门之间合作（Timothy，1999），其形式包括隔离、共存、协作、合作与整合（Martinez，1994）。围绕中越边境德天瀑布城开发，依托崇左大新跨国瀑布景区和凭祥友谊关景区，设立中越国际旅游合作区，选择中越交界的沿边沿海地区，开展陆路和海上旅游合作（赵明龙，2011）。

2.3.4 中越出入境旅游市场研究

顾永顺、阮文政（2007）对中国游客赴越南旅游（出境）和越南游客赴中国旅游（入境）两个市场进行了调查研究，分析总结了这两个市场的基本特征，并有针对性地提出了建设性的意见和建议。在出境旅游市场方面，越南的优势在于地理区位、资源、通关手续、政局稳定等，而劣势则是旅游市场不够成熟、基础设施差、旅游价格偏高。在广西凭祥友谊关对出境的中国游客和到中国旅游的越南游客进行的问卷调查中，发现出境旅游市场主要以广西本地客源为主，绝大多数是参团过夜的团队旅游者，大部分旅游者花费在100~1000元，对旅游目的地的选择依次为河内、下龙湾、海防、谅山等，对越南的山水风光和民俗风情感兴趣，调查中也反映出越南旅游接待设施落后等问题（熊礼明，2009），同时还存在政府规制困境（马琳，2009），影响了中越国际旅游市场的发展。对于入境旅游而言，研究发现，来华旅游者以越南北部和中部的居多，参团的一日游游客占了绝大部分，人均花费在100~

250美元，旅游目的地多数都选择广西和云南边境地区，对山水风光、文物古迹、饮食和民俗风情比较感兴趣，对交通设施、服务和导游服务评价较低（熊礼明，2009）。另外，研究还发现，中越两国的GDP、入境接待人数、地理距离和国家边界等变量对中国接待越南入境旅游有较大的影响（黄爱莲，2011）。

2.3.5 中越旅游合作的SWOT研究

中越国际旅游合作的优势（S）在于区位、资源、市场、产业政策（陈廷武海，2004；赵玉静，2012）、制度、机制、环境、地缘、人缘（李红，2005）、边境旅游手续便捷（孙良涛、李继云等，2012）等；劣势（W）在于边境地区处于远离国内经济腹心的边缘地带，经济落后，关联低、创新少（李红，2005）；机会（O）在于借力中国—东盟自由贸易区、大湄公河次区域经济合作、“两廊一圈”等区域经济合作项目，市场化、规模化更容易成形（李红，2005），可进一步实现“东盟大旅游圈”的合作构想（钟珂，2008）；威胁（T）则表现为东南亚市场的恶性竞争、外部冲击、安全隐患等（李红，2005）。同时，中越国际旅游合作目前也存在不少问题，表现为国际旅游专业人才匮乏、旅游市场亟待由边境扩大到全境范围、旅游资金不足（黄军勇，2002）、旅游目的地可替代性强、两国出入境政策不够稳定、旅游统计工作没有起到支持旅游决策的作用（苏晓懿，2007）、交通制约游客出入境、旅游设施不配套、服务质量参差不齐、旅游业内部结构和分配方式不合理、相关旅游法律法规不健全（钟珂，2008）、中越贸易发展不平衡、旅游接待设施较薄弱、两国银行结算体系存在障碍（吕兢，2012）等。

2.3.6 其他问题研究

黄爱莲（2011）提出，中越跨界旅游应实行联合营销策略，在不同的发展阶段，采取不同的市场成长营销模式，包括市场渗透战略、市场发展战略、产品开发战略、差异化战略四个阶段（Ansoff，1988），同时，应大力开展中越旅游电子商务合作（梁海跃，2011），从组织维度、时间维度和目标维度上积极构建中越旅游合作项目产业链（苏清海、颜醒华等，2009），开发跨境民族文化旅游带（李伟山、孙大英，2012）。为保证旅游活动的顺利开展，还有学者提出了边境旅游安全问题治理模式，包括传统的政府主导型直控型治理模式、以市场为主导的调控型治理模式、多元化的网络治理模式（王丹彤、明庆忠，2012）。从利益相关者的角度出发，还应构建中越旅游合作的参与机制、利益分配补偿机制、营销合作机制、沟通协调机制、全面保障机制（陈俊安、麻新华，2012）。

2.3.7 中越国际旅游合作理论分析和研究的不足

中越双方在旅游领域已开展合作，但缺乏对相关理论的分析和研究。1992 年，广西开放中越边境旅游业务；1993 年，云南开放中越边境旅游业务；1994 年 4 月 8 日，中越双方在越南河内签署了双边旅游合作协定，从此拉开了中越国际旅游合作的序幕。24 年来，中国和越南的学者在中越国际旅游合作问题上进行了多方面的研究和探讨，提出了诸多有利于双边发展的思路和建议，也存在以下不足：

第一，研究切入点局限。由于中越国际旅游是从边境旅游开始的，因此大量的文献也是从边境旅游切入的，研究边境旅游发展的市场拓展问题（刘小蓓，2004），发展策略问题（黄军勇，2002；陈桂秋，2004；肖扬、马艺芳，2009），可持续性问题（陈廷武海，2004），边境旅游发展的优劣势（李红，2005；赵玉静，2012），边境和产品开发（谢婷、钟林生等，2006；田友春、顾永昆，2012），边境民族旅游合作（赵明龙，2009；李伟山、孙大英，2012），边境旅游的 PEST 环境分析（吕兢，2012），边境旅游安全问题（王丹彤、明庆忠等，2012）等，研究的切入点存在很大的局限性。

第二，研究区域局限。由于中越边境线集中于云南和广西两省区，因此研究区域主要集中在这两个省份和与之相邻的越南区域，如云南红河、文山一带，广西凭祥、东兴、德天—板约瀑布景区，龙州县、靖西县一带，以及越南西北四省一带，研究内容主要是这些区域的旅游发展现状分析、存在的问题、基本的应对策略等。同时，中国广西与越南的区域合作研究较中国云南与越南的区域合作研究要更为丰富、全面，已开发建成的跨国旅游景区、边境经济合作区、中越国际旅游合作区都集中在广西。

第三，对中越国际旅游合作的关键性问题研究不够深入。中越国际旅游合作在面临经济全球化、区域经济一体化、大湄公河次区域经济合作、中国—东盟自由贸易区、“两廊一圈”等多重发展机遇背景下有着广阔的发展前景。想要真正实现中越区域旅游合作，将原来的边境旅游发展成为真正的国际旅游，需要解决很多问题。而现有研究成果对中越国际旅游合作的关键性问题，如中越国际旅游资源整合、旅游产品的深度和广度开发、国际客源市场拓展、联合营销、合作模式与合作机制、国际旅游人才的培养等诸多问题的研究领域没有涉及或研究不够深入，严重制约了中越国际旅游的发展。

2.4 本章小结

本章充分阐述了本书的理论基础——共生理论的概念和内涵，并全面总结了共生在旅游领域的研究和中越国际旅游合作研究的相关研究成果，对现有的研究理论和实践进行了梳理、归纳和总结，同时也阐明了本书选题领域现有研究的不足，并找到了中越国际旅游合作问题研究的切入点。

通过分析发现，基于“共生”现象发展而来的共生理论有其较为成熟的学科内涵，有助于对区域旅游合作问题的研究。在滇越国际旅游合作这一问题上，通过对共生要素、共生条件的分析，试图找寻滇越国际旅游合作的共生机制，这就是本书研究所关注的重点内容。

3　滇越国际旅游合作共生要素分析

中国云南和越南之间交往的历史源远流长，滇越铁路百年纪念就是二者关系的最好见证。滇越边境开放始于 1993 年 2 月，自那时起，边境旅游就陆续发展起来。现如今，中国已成为越南国际旅游客源中的第一大旅游客源国，2018 年上半年，按入境旅游人数排序，越南已成为继缅甸之后的第二大客源国，① 充分说明了中国和越南之间在发展国际旅游业方面有着很好的吸引力和巨大的合作空间。那么滇越之间是否存在合作关系？如果存在，究竟是怎样的一种合作？是否应该合作？合作是否有利于旅游业的可持续发展？如果是有利的，是否能够合作得更加默契？带着这一系列问题，本书试图运用生物学界的共生理论，以云南和越南之间的旅游现状为主线，来分析中越国际旅游目前的发展状况，界定其相互关系，以实现滇越国际旅游的健康持续发展。

共生是不同生物密切生活在一起（Anton de Bary，1879），不能简单地理解为生物间“和平共处”，它是同类生物或不同生物间在一定条件下达到的一种平衡状态，构成一个互相联系、不可分割的系统。生物学家已经充分认识到，在生物群落中，个体或群体胜利或成功的关键不在于强者压倒一切的本领，而在于他们在这个群体中密切联合的能力②。假设我们将这一理论的逻辑运用到旅游学领域，是否也可以推测在一定相互联系的区域内，区域旅游业的每个个体或群体的胜利或成功不在于一方对另一方形成压倒性优势，而在于每一个个体和群体在这个区域系统中密切联合的能力？基于这一假设，我们认为滇越国际旅游区域要实现健康持续发展的最好方法就是在滇越国际旅游这一系统中建立共生关系，实现各个层面、各个要素之间的共生。

因此，本章的任务即按照共生理论的基本逻辑和方法，划分滇越国际旅游区域的各级共生系统，确定每个共生系统的共生要素，即共生单元是哪些，

---

① 中国文化与旅游部官方网站数据中心，http：//zwgk. mct. gov. cn.

② 洪黎民 . 共生概念发展的历史、现状及展望［J］. 中国微生态杂志，1996（4）：50-54.

共生处于何种模式，共生环境状态如何，然后对各级共生要素现有的状况进行分析，建立共生关系或找到已经存在的共生关系，界定其发展现状，弄清其共生条件、共生影响因素，并创建共生动力机制，引导滇越国际旅游合作朝最理想的共生关系方向发展。

共生单元、共生模式和共同环境是共生关系的三大要素，其中共生单元是基础，共生模式是关键，共生环境是重要的外部条件。任何一类共生关系都是一组共生单元、按照一定的共生模式、在一系列共生环境下进行的组合①。结合共生理论和旅游活动的“四体说”（杨桂华，2010），我们首先把滇越国际旅游区域的旅游活动系统分为三个不同层次，再逐一确定每个层次的共生要素。滇越国际旅游区域的旅游活动系统的三个不同层次如图 3-1 所示。

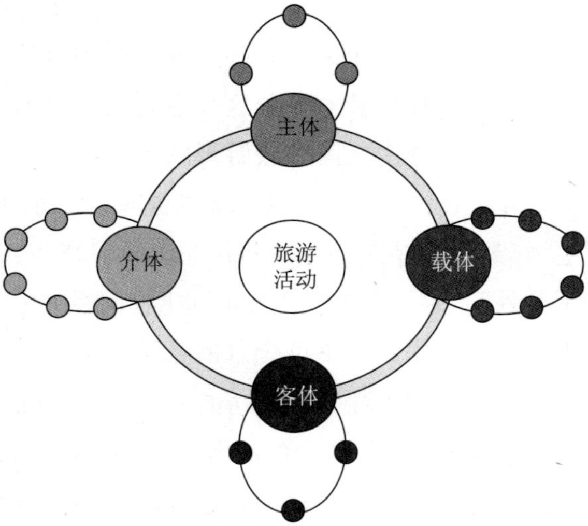

图 3-1　滇越国际旅游区域的旅游活动系统

第一层次，“面”上的共生系统，即旅游活动共生系统。如果把整个旅游活动看作一个共生系统的话，那么这个共生系统的共生单元由旅游活动主体（旅游者）、旅游活动客体（旅游资源）、旅游活动介体（旅游业）和旅游活动载体（旅游环境）四大要素构成，这是滇越国际旅游合作中最大、最复杂的共生系统，共生单元涉及面最广，受到诸多因素的影响。

① 袁纯清．共生理论——兼论小型经济［M］．北京：经济科学出版社，1998：9.

第二层次，“线”上的共生系统，即把旅游活动的“四体”分别看作一个共生系统，可以理解为第一层次共生系统的子系统，这样我们就可以得到四个共生子系统：主体子系统，其共生单元为滇越国际旅游区域（以下简称区域）内的全部旅游者，包括云南省境内的中国旅游者、越南旅游者和该区域内的第三国旅游者；客体子系统，其共生单元为区域内所有自然旅游资源和人文旅游资源的总和；介体子系统，其共生单元为区域内使旅游活动得以开展所依赖的国际旅游业的六大要素，即食、宿、行、游、购、娱；载体子系统，其共生单元为区域内保障旅游活动得以顺利进行的各环境要素，即地理环境、政策环境、人口环境、经济环境、社会环境、技术环境等。

第三层次，“点”上的共生系统，即将每个子系统中各要素视为一个独立的共生系统来分析其共生关系，这样一来，又将形成不同的共生单元。如介体子系统中，旅游业所涉及的六大行业，每一个都是一个相对独立的共生系统，其共生单元由各类型企业中的从业人员、设施设备、资本等构成。

本书立足于有限研究，确定选取第二层次共生系统作为研究滇越国际旅游合作的切入点和重点研究范畴。

3.1 共生单元

对共生单元基本概念和内涵的阐述详见本书 2.1.2.1 部分，此处不再赘述。

3.1.1 旅游活动主体共生单元

旅游活动的主体是旅游者。滇越国际旅游区域内旅游活动主体共生系统的共生单元即中国云南境内的中国旅游者、越南旅游者，以及区域内除上述两者以外的第三国旅游者。在这一共生系统中，旅游者的旅游知觉、旅游态度、旅游需求、旅游动机、旅游决策可视为它们共同的质参量，即影响旅游者旅游行为的内在因素；国籍、性别、年龄、收入、职业、学历状况、出游方式等因素可视为它们共同的象参量，即影响旅游者旅游行为的外在因素。

中国云南和越南 2000—2017 年的旅游主体共生单元旅游人次数统计数据如表 3-1 所示。

表 3-1　中国云南和越南 2000—2017 年旅游人次数及旅游收入统计

年份	中国云南						越南					
	国内旅游人数（万人次）	年增长率（%）	海外旅游人数（过夜人次）	年增长率（%）	旅游外汇收入（亿美元）	年增长率（%）	国内旅游人数（万人次）	年增长率（%）	国际旅游人数（人次）	年增长率（%）	旅游外汇收入（亿美元）	年增长率（%）
2000	3841	4. 55	1001141	-3. 74	—	—	1120	—	2140100	20. 1	—	—
2001	4570	18. 98	1131300	13. 00	—	—	1170	4. 5	2330800	8. 9	—	—
2002	5110. 1	11. 6	1303550	15. 23	—	—	1300	11. 1	2628200	12. 8	—	—
2003	5168. 82	1. 15	1000101	-23. 28	—	—	1350	3. 8	2429600	-7. 6	—	—
2004	6010. 64	16. 30	1100994	10. 09	4. 22	24. 1	1450	7. 4	2927876	20. 5	27	—
2005	6860. 74	14. 14	1502817	36. 50	5. 28	25. 1	1610	11	3467757	18. 4	23	-14. 8
2006	7721. 30	12. 54	1810017	20. 4	6. 58	24. 6	1750	8. 7	3583486	3. 0	28. 5	23. 9
2007	8986. 15	16. 38	2219030	22. 6	8. 60	30. 7	1920	9. 7	4171564	16. 4	33. 3	4. 8
2008	10250. 08	14. 07	2502170	12. 8	10. 08	17. 2	2050	6. 8	4235792	1. 5	39. 7	19. 2
2009	12022. 85	17. 30	2844902	13. 7	11. 72	16. 3	2500	22	3772359	-10. 9	38	-4. 3
2010	13837	15. 09	3291500	15. 7	13. 24	13. 0	2800	12	5049855	34. 8	46. 1	21. 3
2011	16331. 78	18. 03	3953837	20. 1	16. 09	21. 5	3000	7. 1	6014031	19. 1	61. 9	15. 8
2012	19630. 28	20. 20	4578433	15. 8	19. 47	21. 0	3250	8. 3	6847678	13. 9	66. 0	6. 6
2013	23972. 35	22. 12	5335000	16. 5	24. 19	24. 2	3500	7. 7	7572352	10. 6	75. 0	13. 6
2014	2. 81 亿人次	17. 29	5310600	-0. 46	24. 21	0. 1	3850	10	7870000	4	109. 5	46
2015	3. 23 亿人次	15. 04	5700800	7. 35	28. 76	18. 79	5700	48	8000000	1. 7	151. 96	38. 8
2016	4. 25 亿人次	31. 69	6003800	5. 31	30. 75	6. 93	6200	8. 8	10000000	25	183. 7	20. 9
2017	5. 67 亿人次	33. 33	6676900	11. 2	35. 50	15. 5	7300	17. 7	12900000	29. 1	230	25. 2

资料来源：①云南省旅游发展委员会；②越南旅游局，http：//vietnamtourism. gov. vn/index. php/items/13460.

从表 3-1 可以看出，中国云南和越南近 20 年的旅游人数和旅游收入都处于良好的发展态势，在国际局势趋于稳定、立足发展的背景下，在将来的很长时间内，这种优势都将持续存在。

3.1.2 旅游活动客体共生单元

旅游活动的客体是旅游资源。在滇越国际旅游区域中，国际旅游活动的客体是中国云南和越南境内所有自然旅游资源和人文旅游资源。滇越国际旅游区域内旅游活动客体共生系统的共生单元，即区域内的所有自然和人文旅游资源。在这一共生关系中，旅游资源的价值（如观赏游憩使用价值、历史文化科学艺术价值）、珍稀奇特程度，以及各旅游资源之间的关联程度（相似性、互补性等特征）等因素可视为它们共同的质参量；旅游资源的知名度和影响力、适游期或使用范围、环境保护与环境安全可视为它们共同的象参量。

3.1.3 旅游活动介体共生单元

旅游活动的介体是旅游业。在滇越国际旅游区域中，国际旅游活动的介体是滇越国际旅游业。滇越国际旅游区域内旅游活动介体共生系统的共生单元即该区域内涉及国际旅游接待业务的食、宿、行、游、购、娱六大旅游行业。在这一共生关系中，各大要素旅游产品的种类、品质、旅游从业人员的服务水平等可视为它们共同的质参量，如旅游餐饮的多样性，酒店品牌，旅游交通的便利性等；旅游业发展规划、旅游业相关政策、旅游市场趋势、旅游价格等因素可视为它们共同的象参量。

3.1.4 旅游活动载体共生单元

旅游活动的载体是旅游环境。在滇越国际旅游区域中，国际旅游活动的载体是滇越国际旅游环境。滇越国际旅游区域内的旅游载体共生系统的共生单元为该区域内保障旅游活动得以顺利进行的各环境要素，即地理环境、政策环境、人口环境、经济环境、社会环境、技术环境等。在这一共生关系中，由内部因素所引起的国际旅游环境的变化可视为其质参量，如各类环境的兼容性等；由外部因素所引起的国际旅游环境的变化可视为其象参量，如区域与其他国家和地区的关系。

我们的任务就是试图通过建立有效的共生机制，使滇越国际旅游区域内的各级共生单元调整和改变目前的共生组织模式和行为模式，在共生环境的促进下朝着理想模式，即一体化共生和对称性互惠共生模式进化。

3.2 共生模式

对共生模式基本概念和内涵的阐述详见本书 2.1.2.2 部分，此处不再赘述。共生组织模式和行为模式的组合形式如表 2-3 所示。为了更好地收集各级共生单元目前的相互关系，我们在滇越国际旅游区域进行了问卷调查。

3.2.1 问卷的发放与回收

3.2.1.1 问卷设计

问卷共分为八大类型，调查语言为中文、英文和越南语。调查内容主要涉及两个方面：一是对到过中国云南或者越南旅游的旅游者进行区域旅游满意度调查，目的是掌握国际旅游者在旅游体验中满意的地方和不满意的地方，以及可能的原因，调查内容包括调查对象旅游偏好、个人基本信息和满意度三部分；二是对未到过中国云南或者越南的旅游者进行旅游意愿调查，调查这一群体在未来的不确定时间内前往中国云南或越南旅游的意愿程度，调查内容包括被调查者的旅游偏好、个人基本信息和旅游意愿三部分。

3.2.1.2 调查对象

问卷的调查对象设定为滇越国际旅游区域内（中国云南境内和越南境内）的中国旅游者、越南旅游者和除中国和越南以外的第三国旅游者，分别就他们的不同旅游经历进行调查。其中 A 类～D 类问卷在中国云南境内调查，包括：A 类，未到过越南的中国旅游者；B 类，到过越南的中国旅游者；C 类，未到过越南的第三国旅游者；D 类，到过越南的第三国旅游者。E 类～H 类问卷在越南境内调查，包括：E 类，未到过中国云南的越南旅游者；F 类，到过中国云南的越南旅游者；G 类，未到过中国云南的第三国旅游者；H 类，到过中国云南的第三国旅游者。详见表 3-2。

表 3-2 调查对象及问卷发放回收情况

调查地点	调查对象		发放份数	回收份数
中国云南	A	未到过越南的中国旅游者	276	270
	B	到过越南的中国旅游者	16	16
	C	未到过越南的第三国旅游者	100	75
	D	到过越南的第三国旅游者	15	15
越南	E	未到过中国云南的越南旅游者	151	103
	F	到过中国云南的越南旅游者	100	59
	G	未到过中国云南的第三国旅游者	130	110
	H	到过中国云南的第三国旅游者	0	0
合计	—	—	788	648

3.2.1.3 问卷的发放与回收

问卷发放的时间为 2014 年 3 月至 7 月，中国云南境内的发放渠道主要是旅行社和网络自由行渠道，发放地区选取了文山州、丽江、大理和昆明；越南境内的发放渠道主要通过越南旅游局在老街、岘港、胡志明市发放。调查期间，共计发出问卷 788 份，收回 648 份，问卷回收率为 82%。

3.2.2 旅游活动主体共生模式

通过对问卷调查收集的数据进行分析，在对旅游活动主体共生单元的相关质参量和象参量进行分析的基础上，根据判据 1、判据 2、判据 3 对旅游活动主体共生模式进行判定。

判据 1：质参量兼容（详见 2.1.5.1）。旅游活动主体共生单元的质参量包括旅游者的旅游知觉、旅游态度、旅游需求、旅游动机、旅游决策等因素，即影响旅游者旅游行为的内在因素；象参量包括国籍、性别、年龄、收入、职业、学历状况、出游方式等因素，即影响旅游者旅游行为的外在因素。

在所发放的问卷调查中，我们选取了旅游主体共生单元的旅游知觉和旅游动机两个质参量进行分析，研究过程及结果见表 3-3、表 3-4。

表 3-3 旅游知觉质参量统计

质参量：旅游知觉（发放问卷 788 份，回收有效问卷 648 份）						
问题：你是否知道可以从中国云南进入越南旅游或从越南进入中国云南旅游？						
调查地点	调查对象	回收总份数	知道		不知道	
			份数	占比（%）	份数	占比（%）
中国云南	中国旅游者	286	187	65	99	35
	第三国旅游者	90	50	56	40	44
越南	越南旅游者	162	132	81	30	19
	第三国旅游者	110	64	58	46	42
合计	—	648	433	67	215	33

如表 3-3 所示，在关于旅游知觉的抽样调查中，实际回收有效问卷 648 份，其中有 67%的游客清楚地知道可以从中国云南进入越南旅游和可以从越南进入中国云南旅游。根据这一调查结果可推断在滇越国际旅游区域旅游活动主体共生单元中，现有的旅游者群体和潜在的旅游者群体都能够感知到中国云南与越南的地理区域关系，并知道中国云南与越南间的旅游通道。根据这一调查结果，我们视旅游知觉这一组质参量兼容。

表 3-4 旅游动机质参量统计

质参量：旅游动机（发放问卷 657 份，回收有效问卷 558 份）								
问题：你是否想去越南/中国云南旅游？								
调查对象		回收总份数	想去		一般		不想去	
			份数	占比（%）	份数	占比（%）	份数	占比（%）
未到过越南	中国旅游者	270	60	22	101	37	109	40
	第三国旅游者	75	37	49	23	31	15	20
	小计	345	97	28	124	36	124	36
未到过中国云南	越南旅游者	103	66	64	30	29	7	7
	第三国旅游者	110	60	55	18	16	32	29
	小计	213	126	59	48	23	39	18

如表 3-4 所示，在实际回收的 558 份有效问卷中，中国云南境内从未到过越南的中国和第三国旅游者中，有 28%的旅游者有清晰的“想去”越南旅游的动机，有 36%的旅游者前往越南旅游的动机不明确，还有 36%的旅游者

暂时没有前往越南旅游的动机。越南境内从未到过中国云南的越南和第三国旅游者中，有59%的旅游者有清晰的“想去”中国云南旅游的动机，有23%的旅游者前往中国云南旅游的动机不明确，还有18%的旅游者暂时没有前往中国云南旅游的动机。根据这一调查结果可推断，在滇越国际旅游区域中，旅游活动主体的三大共生单元：中国云南境内的中国旅游者、越南旅游者，以及除中国和越南旅游者以外的第三国旅游者这三个共生单元存在互为旅游客源的可能性，在未来的某一时间内，他们有可能成为彼此的旅游客源。由此，我们可判断区域内旅游主体共生单元旅游动机这一组质参量兼容。

至此，我们在滇越国际旅游区域旅游活动主体共生单元中至少找到了两组质参量兼容，符合判据 1 的要求，表明滇越国际旅游区域旅游活动主体之间已经存在共生现象。

判据 2：共生组织模式（见表 2-1）。经过判据 1 的判定，我们确定了滇越国际旅游区域旅游活动主体之间存在共生关系。根据判据 2 的要求，我们需要从共生的界面特征、开放度特征、共进化特征等来判断滇越国际旅游区域旅游主体共生现象属于哪种组织模式。根据问卷调查的结果，我们先来分析三个指标要素，如表 3-5～表 3-7 所示。

表 3-5 重游率统计

问题：你重游中国云南/越南的可能性（发放问卷 131 份，回收有效问卷 90 份）

调查对象		回收份数	会去		一般		不会去	
			份数	占比（%）	份数	占比（%）	份数	占比（%）
到过越南	中国旅游者	16	5	31	5	31	6	38
	第三国旅游者	15	7	47	6	40	2	13
	小计	31	12	39	11	35	8	26
到过中国云南	越南旅游者	59	29	49	28	47	2	3
	第三国旅游者	0	—	—	—	—	—	—
	小计	59	29	49	28	47	2	3

表 3-6 赴越南/中国云南的旅游计划统计

问题：未来多长时间内你会计划去越南/中国云南旅游？（发放问卷 657 份，回收有效问卷 558 份）

调查对象		回收份数	半年以内		一年		三年以内	
			份数	占比（%）	份数	占比（%）	份数	占比（%）
未到过越南	中国旅游者	270	12	4	29	11	191	71
	第三国旅游者	75	13	17	8	11	44	59
	小计	345	25	7	37	11	235	68
未到过中国云南	越南旅游者	103	35	34	27	26	25	24
	第三国旅游者	110	8	7	25	23	57	52
	小计	213	43	25	52	24	82	38

表 3-7 旅游目的地选择意向统计

问题：以下旅游景区景点中，你想去的程度（发放问卷 657 份，回收 558 份）

调查对象	回收份数	旅游目的地	会去		一般		不会去	
			份数	占比（%）	份数	占比（%）	份数	占比（%）
未到过越南	345	河内	72	21	103	30	55	16
		下龙湾	93	27	157	46	59	17
		沙巴	88	26	140	41	57	17
		顺化	78	23	140	41	66	19
		会安	78	23	148	43	58	17
		岘港	93	27	129	37	62	18
		芽庄	78	23	148	43	57	17
		大叻	87	25	133	39	62	18
		美奈	88	26	138	40	57	17
		胡志明市	110	32	124	36	56	16
		富国岛	86	25	135	39	63	18
		老街（口岸）	103	30	132	38	55	16
		清水河（口岸）	86	25	146	42	56	16
		莱州（口岸）	94	27	139	40	50	14
未到过中国云南	213	香格里拉	74	35	66	31	19	9
		大理	99	46	49	23	12	6
		丽江	105	49	43	20	9	4
		西双版纳	77	36	60	28	16	8

续表

调查对象	回收份数	旅游目的地	会去		一般		不会去	
			份数	占比（%）	份数	占比（%）	份数	占比（%）
未到过中国云南	213	昆明	104	49	46	22	10	5
		元阳梯田	88	41	51	24	18	8
		普者黑	86	40	52	24	18	8
		腾冲	83	39	54	25	21	10
		河口（口岸）	88	41	50	23	17	8
		麻栗坡（口岸）	71	33	61	29	24	11
		金平（口岸）	71	33	64	30	20	9

特征 1：表 3-5 的调查数据表明，在未来不确定的某一时间内，在中国云南境内的旅游者中至少有 39%去过越南的中国和第三国旅游者会有重游越南的旅游需求和动机，在越南旅游的旅游者中至少有 49%去过中国云南的越南旅游者会有重游中国云南的旅游需求和动机。表 3-6、表 3-7 的调查数据表明，在未来的半年到三年或更长远的一系列不确定的时间内，中国云南境内至少有 86%未到过越南的中国和第三国旅游者在三年以内有到越南旅游的需求和动机，所选择的旅游目的地大多集中在越南目前知名度比较高、旅游接待能力比较好的 14 个旅游景区景点和口岸边境省份；至少有 87%未到过中国云南的越南和第三国旅游者在三年以内具有到中国云南旅游的需求和动机，所选择的旅游目的地大多集中在中国云南目前知名度比较高、旅游接待能力比较好的 11 个旅游景区景点和口岸边境县。以上调查数据表明，滇越国际旅游区域旅游主体共生单元在未来某一不确定的时间和空间内可能存在多次相互作用，共生关系具有明显的不稳定性和随机性的特征，表明滇越国际旅游区域旅游主体之间的共生组织模式为间歇性共生模式。

特征 2：滇越国际旅游区域旅游主体的共生界面由不同的旅游类型、出游方式、旅游目的地等要素构成，界面的生成既有随机性又有必然性，同时不具备主导的共生界面，共生可能在任一界面发生；旅游活动的食、宿、行、游、购、娱等旅游要素是旅游主体之间物质、信息和能量交流的共生介质；共生的对内开放度和对外开放度相当，旅游主体共生单元有时依赖环境，如旅游宣传促销，有时依赖共生关系，如旅游体验影响重游率；共生发生在旅游过程中或者旅游活动之后，这种共生关系对区域双边都具有明显的促进作用。

基于以上两大特征，我们判断滇越国际旅游区域旅游主体之间的共生组织模式为间歇性共生模式，其共生界面、共生介质、开放度等特征符合间歇性共生模式的相关特征。

判据3：共生行为模式。每种共生行为模式的要素对比如表2-2所示。根据这一判据要求，我们需要从共生能量特征和共生分配特征来判断滇越国际旅游区域旅游主体共生现象属于哪种行为模式。

第一，共生单元特征。滇越国际旅游区域旅游主体共生单元的质参量兼容性我们前面已经讨论过，旅游者在形态上比较接近，都是受到滇越国际旅游区域内旅游资源的吸引，对该区域产生旅游需求，有较强烈的旅游动机，预计会在将来的某一个时间内到该区域的某一个或几个地方进行旅游活动。

第二，共生能量特征。在不同的共生界面上，通过共生关系，实现旅游者的区域流动，会产生巨大的效益，包括经济效益、社会效益、生态效益等，带动食、宿、行、游、购、娱相关产业的运行和发展，即这一共生关系导致了新能量的产生。但从表3-1中的统计数据来看，由于中国云南（主要依托中国巨大的人口数额）和越南人口基数、旅游发展模式和发展程度等方面存在差异，导致三类旅游者在出游绝对数量和旅游消费等方面有较大差异，从而进一步导致旅游者旅游活动所带来的乘数效应不均衡，效益也不均衡，即共生所产生的新能量是不均衡的。

第三，共生作用特征。尽管这一共生所产生的新能量不均衡，但显而易见，双边旅游客源的流动，必将极大地促进该区域国际旅游业的迅速发展，这就是所谓的共生的进化作用。由于旅游主体共生关系的共生界面具有多样性，决定了这种进化也是多方面、多层次和多维度的，同时受到自身因素的影响，区域双方旅游业各自进化的轨迹呈现不同步的特征。

基于以上三方面的特征分析，我们判断滇越国际旅游区域旅游主体共生关系产生新的能量，但能量的分配往往由于共生界面的作用而呈非对称性分配，同时这一共生不仅存在双边，还存在多边的物质、信息和能量的交流与交换，共同促进区域的进化发展，因此我们认为滇越国际旅游区域旅游主体共生的行为模式是典型的非对称性互惠共生模式。

综上所述，滇越国际旅游区域旅游活动主体共生系统的共生组织模式是间歇性共生模式，共生行为模式为非对称性互惠共生模式，即 S_{32}（M_2，P_3）模式。

3.2.3 旅游活动客体共生模式

通过对滇越国际旅游区域旅游活动客体现状的比较分析，根据判据 1、判据 2、判据 3 对旅游活动客体的共生模式进行判定。

判据 1：质参量兼容（详见 2.1.5.1）。滇越国际旅游区域旅游活动客体共生单元的质参量包括旅游资源的价值（如观赏游憩使用价值、历史文化科学艺术价值）、珍稀奇特程度，以及各旅游资源之间的关联程度（相似性、互补性等特征）等因素；象参量包括旅游资源的知名度和影响力、适游期或使用范围、环境保护与环境安全等因素。

表 3-8 滇越国际旅游区域世界遗产类旅游资源关联程度比较

序号	中国云南世界遗产旅游资源		越南世界遗产旅游资源	
	名称	资源类型	名称	资源类型
1	丽江古城（文化遗产 1997）	FD	顺化历史建筑群（文化与自然双遗产 1993）	EB/FC/FE
2	三江并流（自然遗产 2003）	AA/BA/CD	下龙湾（自然遗产 1994）	AC/AE/BA/CD
3	纳西东巴古籍文献（记忆遗产 2003）	HA	圣子修道院/美山占城圣地（文化遗产 1999）	EB
4	石林（自然遗产 2008）	AC	会安古镇（文化遗产 1999）	FD
5	澄江化石地（自然遗产 2012）	AB	峰牙—己榜国家公园（自然遗产 2003）	AA/AC
6	红河哈尼梯田（文化遗产 2013）	AA/FD	河内升龙皇城（文化遗产 2010）	FC/FE
7	—	—	胡朝时期的城堡（文化遗产 2011）	FC

资料来源：①百度百科；②中华人民共和国国家标准（GB/T 18972—2003）：旅游资源分类、调查与评价。

根据《保护世界文化和自然遗产公约》的定义①，由表 3-8 的信息可知，首先，滇越国际旅游区域内的旅游客体至少包含 13 项世界遗产类旅游资源，且都是具有极高价值的旅游资源景观类型，都代表了区域内旅游资源的独特品质。其次，从表中我们可以看出，丽江古城和会安古镇属于同类型旅游资源，石林、三江并流、下龙湾、峰牙—己榜国家公园这四个世界遗产在某种程度上具有一定的相似度，例如，石林和下龙湾、峰牙—己榜国家公园的资源主体都是岩溶地貌类旅游资源。最后，在世界遗产中其他资源类型不相似的景观或与滇越国际旅游区域内的其他级别的旅游资源相似，或相互间形成你有我无的互补性，共同构成了滇越国际旅游区域旅游活动客体的一部分。

基于以上分析，我们在客体共生单元中至少找到了旅游资源价值和旅游资源关联度两组质参量兼容，符合判据 1 的要求，表明滇越国际旅游区域旅游活动客体之间已经存在共生现象。

判据 2：共生组织模式（见表 2-1）。同样地，我们以共生的界面特征、开放度特征和共进化特征来判断其共生的组织模式属于哪种类型。

特征 1：旅游活动客体共生单元不同于旅游活动主体共生单元，因为旅游活动主体选择具有随机性和不确定性，导致主体共生单元只能在选择了旅游界面的某种特定时间内与其他共生要素发生相互作用，而旅游活动客体的丰富性和组合性则决定了它能够在一段封闭的时间区间内使共生单元产生连续的相互作用，共生单元所产生的共生关系稳定，且不是随机的，具有必然性的特征。例如，滇越国际旅游区域内的一次国际旅游活动，在旅游活动开始到旅游活动结束这一段封闭的区间内，作为客体的旅游资源不间断地发生相互作用，产生稳定的共生关系。这种关系不是随机的，它是由旅游活动本身所决定的，只要旅游活动发生，这种关系就必然会发生。根据这一系列特征，我们判断滇越国际旅游区域旅游活动客体之间的共生组织模式为连续共生模式。

特征 2：旅游活动客体共生单元的共生界面仍然取决于旅游活动的类型，由于区域内旅游活动存在的必然性，使得客体共生界面的生成具有了内在的

① 百度百科。

必然性和选择性，无论是观光旅游、度假旅游、探险旅游，抑或是团队旅游、自助旅游，所选择的旅游资源都会有重复的现象，也就是说旅游资源能够在各种旅游活动所产生的共生界面上，通过旅游要素等诸多的共生介质实现共生，这种共生关系对内开放度高于对外开放度，表明共生更多依赖于共生关系而不是环境，共生单元之间的物质、信息和能量的交流发生在旅游活动的整个过程当中，能够形成主导共生界面和支配介质，比起间歇性共生模式，其生成的共生关系对区域双边的旅游发展具有更强的共进化作用。

基于以上特征，我们判断滇越国际旅游区域旅游活动客体之间的共生组织模式为连续性共生模式，其共生界面、开放度、共进化等特征均符合连续共生模式的相关特征。

判据3：共生行为模式（见表2-2）。我们从三个方面进行判定：

第一，共生单元特征。滇越国际旅游区域旅游活动客体共生单元之间至少有一组质参量兼容。在客体共生单元的形态上，同类型旅游资源之间有明显的相似性特征，在旅游活动中能够形成叠加优势；异类型旅游资源之间有较强的关联性特征，在旅游活动中能够形成互补优势，存在明显的双向关系。

第二，共生能量特征。从旅游资源国家标准定义来看，只有能够产生各种效益即能量的事物和因素才是旅游资源，因此，旅游活动客体共生单元——旅游资源与生俱来就具备了能够产生新能量的特征，这种新能量的产生是旅游活动各大共生单元之间分工与合作的结果。

第三，共生作用特征。旅游活动客体共生单元之间的分工与合作导致了各类共生单元之间不仅存在双边作用机制，同时，由于与旅游活动各要素之间的相互关系还存在多边作用机制，使得共生单元的共生范围得以扩大，共生效率能够提高。但是，由于旅游主体对旅游客体的偏好不同，旅游产品对旅游资源之间组合的要求不同等，导致旅游资源所产生的能量及其分配也必然存在差异性。例如，调查中所了解到的区域内的各个热点旅游资源，由于人们喜爱这些旅游资源的程度远胜于区域内的其他旅游资源，它们吸引力强，产品组合频率高，接待旅游者规模大，因此共生产生的新能量高于其他吸引力较弱的旅游资源，导致不同共生单元发展进化的程度各不相同，热点旅游资源共生单元进化要相对快一些，而非热点旅游资源共生单元的进化要相对慢一些。

基于以上三个方面的特征分析，我们对滇越国际旅游区域旅游活动客体共生单元的特征总结如下：一是以客体共生单元之间的分工和与旅游活动各要素之间的合作为基础，这类共生能够产生新能量；二是客体共生单元之间共生所产生的新能量由于共生界面的作用和影响，会形成比较明显的非对称性分配；三是这一客体共生关系中，由于旅游主体、旅游环境的共同作用，使共生单元与单元之间有物质、信息和能量的交换，这种交换是双边的，同时，共生单元与旅游主体和其他外部因素之间也存在着物质、信息和能量的交换，这种交换是多边的，这种多边交流机制能够促使共生能量增大，共生损耗减少。因此，我们判断滇越国际旅游区域旅游活动客体共生的行为模式属于非对称性互惠共生模式。

综上所述，滇越国际旅游区域旅游活动客体共生系统的共生组织模式是连续共生模式，共生行为模式为非对称性互惠共生模式，即 S_{33}（M_3，P_3）模式。

3.2.4 旅游活动介体共生模式

滇越国际旅游区域旅游活动介体是区域内以旅游者为主体、以旅游资源为依托、在二者相互作用下带动起来的滇越国际旅游区域内的旅游业，所以旅游活动介体的共生单元是构成区域内旅游业发展的各大要素，从传统意义上讲包括食、宿、行、游、购、娱六个方面，在对构成区域旅游业这六大要素进行分析的基础上，根据判据 1、判据 2、判据 3 对旅游活动介体共生模式进行判定。

判据 1：质参量兼容（详见 2.1.5.1）。在滇越国际旅游区域旅游活动介体系统中，食、宿、行、游、购、娱各共生单元所提供的产品类型的多样性、内在品质的优劣程度和旅游从业人员的服务水平是它们之间共同的质参量，每一个共生单元所包含的产品类型、品质优劣、从业人员服务水平的高低都将对滇越国际旅游区域的旅游活动产生直接影响，每一个要素经营的成功与否，都会影响整个旅游活动的品质，影响旅游主体的旅游体验。这些质参量都是旅游活动满意与否、旅游体验好坏的直接影响因素，它们之间能够相互表达。因此，我们判断旅游活动介体共生单元的质参量是兼容的，表明滇越国际旅游区域旅游载体之间存在共生现象。

判据 2：共生组织模式（见表 2-1）。判定共生组织模式的依据：共生的界面特征、开放度特征和共进化特征。

特征 1：滇越国际旅游区域旅游活动介体的共生界面即滇越国际旅游区域旅游产品组合和旅游活动，在这些共生界面上，各共生单元因为旅游主体购买旅游产品、进行旅游活动而形成了在某一时间和区间内的连续性和相互作用，它们分别构成旅游产品的各项内容，共同作用于一次旅游活动，这种相互间作用的必然性是旅游活动得以实现的前提条件，因此，旅游介体各共生单元之间的这种共生关系也相对稳定且具有必然性。根据以上特征，我们初步判定滇越国际旅游区域旅游活动介体的共生组织模式为连续共生模式。

特征 2：在共生界面特征方面，滇越国际旅游区域旅游活动介体的共生界面的形成不是偶然的、随机的，因为偶然和随机的作用不可能产生连续共生的界面，旅游活动本身就是人类社会发展到一定阶段产生的特殊现象，只有在具备了旅游活动主体、旅游活动客体和旅游业大力发展的基础上才有可能产生，因此，这一界面的产生是具有其内在必然性的，在这种必然性的前提下，由于旅游主体的主观偏好和选择性，又导致了旅游介体的连续共生界面生成具有了很强的选择性。共生界面的介质多重且具有明显的互补功能。在共生开放特征方面，共生关系内部的各个共生单元之间的物质、信息和能量交流更多依赖于共生关系，而不是依赖于外部环境。在共进化特征方面，由于在连续共生模式中共生介质性能和种类更加多样化，共生界面更加稳定，作用时间也较长，这就意味着对旅游业的影响力度更大，因此其共进化的水平和程度都会比点共生模式和间歇共生模式高，有较强的共进化作用。

基于以上特征，我们判断滇越国际旅游区域旅游活动介体之间的共生组织模式为连续性共生模式，其共生界面、开放度、共进化等特征均符合连续共生模式的相关特征。

判据 3：共生行为模式（见表 2-2）。我们从以下三个方面进行判定：

第一，共生单元特征。滇越国际旅游区域旅游活动介体共生单元之间满足质参量兼容的特征，同类共生单元之间具有一定的相似性，例如在“食”

“宿”共生单元中，饮食的种类、方式，饭店的品牌、类型都具有一定的相似性特征，而异类共生单元之间则具有非常强烈的关联性，食、宿、行、游、购、娱六大环节缺一不可。

第二，共生能量特征。旅游活动介体作为旅游活动得以实现的最重要的环节，通过一系列的措施吸引旅游者产生跨区域的流动，从而为滇越国际旅游区域不断地产生经济效益、社会效益和环境效益，这是产生新能量的标志，这种新能量的产生源于共生单元之间的分工与合作。

第三，共生作用特征。滇越国际旅游区域旅游活动介体共生单元之间的作用机制是所有我们讨论的共生关系中最复杂的一个，由于涉及旅游活动的各个方面，这些共生单元之间不仅存在与共生主体或者共生客体之间的双边作用机制，同时存在各个共生单元之间的多边作用机制，而且各个共生单元对旅游活动所贡献的能量大小不一致，因此各个共生单元的发展程度也不一致。

基于以上三个方面的特征分析，我们将滇越国际旅游区域旅游活动介体共生单元的特征总结如下：一是由于介体六大共生单元是旅游活动得以开展必不可少的要素，是旅游业的六大支柱，因此，在这一共生关系中能够产生新能量；二是介体六大共生单元由于在旅游活动过程中所承担的任务和作用不同，所产生的新能量也各不相同，形成明显的非对称性分配；三是这类共生不仅存在共生单元之间双边的物质、信息和能量的交换，而且存在多边交流机制，这种多边交流机制能够促使共生能量增大，共生损耗减少。因此，我们判断滇越国际旅游区域旅游活动介体共生的行为模式属于非对称性互惠共生模式。

综上所述，滇越国际旅游区域旅游活动介体共生系统的共生组织模式是连续共生模式，共生行为模式为非对称性互惠共生模式，即 S_{33}（M_3，P_3）模式。

3.2.5 旅游活动载体共生模式

在对滇越国际旅游区域旅游活动载体要素进行分析的基础上，根据判据1、判据2、判据3对旅游活动载体共生模式进行判定。

判据 1：质参量兼容（见 2.1.5.1）。中国云南与越南边境相连，领土接壤，局部地理环境具有一定的兼容性，体现为地貌类型、气候特征、资源类型之间都具有一定的相似度。社会环境方面，由于中国和越南两国历史源远流长，中国文化对越南主体民族的风俗习惯有着深远影响，因此中国云南和越南在文化上也体现出诸多的兼容性特征，如民风民俗相同或相似，同源民族跨境而居，饮食习惯相似，民族结构相似，节庆相似。政治环境方面，自 1993 年中越边境口岸开放，中国云南与越南从获准开展边境旅游业务，到签署双边旅游合作协定，再到 2000 年中越签订《中越关于新世纪全面合作的联合声明》，都标志着在政治环境上，两国邦交正常化，鼓励旅游业发展。2005 年 4 月 30 日云南省旅游局与河内市旅游厅签署了全面旅游合作协议。综上所述，我们认为区域内作为旅游活动载体共生单元的各类环境要素是可以相互表达的，视为质参量兼容，表明滇越国际旅游区域旅游载体之间存在共生现象。

判据 2：共生组织模式（见表 2-1）。判定共生组织模式的依据：共生的界面特征、开放度特征和共进化特征。

特征 1：旅游活动的载体旅游环境不论是宏观还是微观上都能够在一段时间内保持相对稳定，为区域双边旅游业的发展提供连续的相互作用。作为共生单元的各类旅游环境要素在多方面对旅游活动产生影响，例如影响旅游主体旅游前的预期，旅游后的体验和感受等。作为旅游活动的载体，与滇越国际旅游区域内的主体、客体、介体各类共生单元所构成的共生关系相对比较稳定，且具有必然性，即旅游活动的发生必然要依赖旅游载体。由此，我们可以初步判断滇越国际旅游区域旅游载体共生的组织模式为连续共生模式。

特征 2：旅游活动载体的共生界面是旅游活动，因此，旅游活动的各级要素都将与旅游载体发生联系，构成共生的多重介质，这些介质既多样又互补。由于旅游活动形式和内容的差异性，从而形成对某种环境的过分依赖，导致载体共生系统可能形成主要共生界面和支配介质。同时，由于旅游载体必须要与区域内旅游活动其他共生系统发生联系才能产生新能量，因此载体共生系统共生单元的对内开放度要明显高于对外开放度，共生更多依赖于共生关系。也正因为这样，载体共生单元才有较强的共进化作用。

基于以上特征，我们判断滇越国际旅游区域旅游活动载体之间的共生组织模式为连续性共生模式，其共生界面、开放度、共进化等特征均符合连续共生模式的相关特征。

判据 3：共生行为模式（见表 2-2）。我们从三个方面进行判定：

第一，共生单元特征。滇越国际旅游区域旅游活动载体共生单元之间有多组质参量兼容。在载体共生单元的形态上，同一类载体共生单元之间（如地理环境）具有明显的相似性特征；在不同类旅游环境之间有较强的关联性特征，彼此相互影响，相互促进和完善，在旅游活动中相辅相成，共同作用于旅游业。

第二，共生能量特征。在旅游活动过程中，通过旅游业的合理规划和管理，旅游活动载体会得到不断改善和提高，我们将其视为这一共生关系中所产生的新能量，这些新能量能够促进载体共生单元之间的兼容性不断提高。

第三，共生作用特征。在旅游活动载体共生关系产生的能量不断分配的情况下，通过载体与旅游活动各要素的多边多向交流，能够促使共生系统不断进化。同样，由于能量分配机制的不对称性，导致旅游活动载体的进化不同步。

基于以上三个方面的特征分析，我们将滇越国际旅游区域旅游活动载体共生单元的特征总结如下：一是以旅游活动各要素之间的组合和相互作用为基础，这类共生能够产生新能量；二是旅游环境共生单元之间所产生的新能量同样因为共生界面的作用而形成明显的非对称性分配；三是这类共生的物质、信息和能量交换不仅存在于共生单元之间，也存在于其他外部因素之间，促使共生能量增大，共生损耗减少。因此，我们判断滇越国际旅游区域旅游活动载体共生的行为模式属于非对称性互惠共生模式。

综上所述，滇越国际旅游区域旅游活动载体共生系统的共生组织模式是连续共生模式，共生行为模式为非对称性互惠共生模式，即 S_{33}（M_3，P_3）模式。

3.3 共生环境

共生关系的发生必定要依赖一定的环境，在一定的环境中产生和发展。滇越国际旅游合作的共生环境主要包括地理环境、政治环境、人口环境、经济环境、社会环境、技术环境等。由共生要素组成的共生体与共生环境之间的相互作用通常情况下有正向作用、中性作用和反向作用三种。

3.3.1 地理环境①

滇越国际旅游区域的地理环境是指中国云南和越南所处的地理位置以及与此相联系的各种自然条件的总和，主要与区域内旅游地的区位和旅游资源的观赏游憩使用价值、历史文化科学艺术价值、珍稀奇特程度、规模、丰度与概率、完整性等相关。

3.3.1.1 滇越地理环境概况

云南省位于中国西南边陲，面积39万平方公里，是中国通往东南亚、南亚的门户，是“桥头堡”建设的前沿。云南具有热带、亚热带、温带和高原气候区等气候类型，兼有低纬气候、季风气候、山原气候的特征。全省地貌呈现高原波状起伏、高山峡谷相间、地势阶梯递降、断陷盆地错落、江河纵横、湖泊棋布的特征。云南素有动物王国、植物王国和有色金属王国之美誉。旅游资源类型丰富多样，拥有6项世界遗产，6座国家级历史文化名城，12个国家级风景名胜区，温泉资源遍及全省，喀斯特景观发育典型。中国云南与东南亚缅甸、越南、老挝三国接壤，边境线总长为4060公里，其中和越南段长1353公里。边境设有天保、河口、金水河等3个国家一类口岸。

越南位于中南半岛东部，北与中国云南和广西接壤，西与老挝和柬埔寨交界，东面和南面濒临南海，海岸线长3260公里。越南地形狭长，南北长1600公里，东西最窄处仅50公里，地势西高东低，境内3/4为山地和高原，北部和西北部有高山，中部长山山脉纵贯南北，河流以北部的红河、南部的湄公河最为著名。全国面积33万平方公里，矿产资源富集。越南地处北回归线以南，属热带季风气候，3260公里的海岸线是越南最具吸引力的旅游资源，除此之外，越南境内其他类型的旅游资源也十分丰富，拥有世界遗产7项、千年皇城和古都、边境小镇沙巴、风筝冲浪天堂美奈、国际化程度很高的胡志明市，另外芽庄、岘港、大叻、海防、藩切、头顿、湄公河三角洲都是国际旅游热点区域。

---

① 本部分个别资料来自百度百科。

3.3.1.2 地理环境对滇越旅游共生的正向激励作用

中国云南与越南边境接壤，基于这一区位优势，金水河—马鹿塘口岸（1993年6月20日恢复开通）、河口—老街口岸（1993年6月30日恢复开通）、天保—清水河口岸（1993年11月10日恢复开通）成为最主要的通关口岸，大力促进了边境旅游的发展，成为中国云南和越南交流合作的重要通道，今后也必将成为滇越国际旅游客源的重要陆路旅游通道。

同时，优越的气候类型，独特的地形地貌特征，形成了各具特色、优势互补的旅游资源类型。中国云南从西北到东南，资源景观从雪山、古城，到火山、温泉，再到梯田、热带雨林；越南热带海滨城市纵贯南北，充满异域风情的城市和小镇、千年古都引人入胜。世界上发育最典型的地上喀斯特地貌之一石林遇上世界最大的地下喀斯特地貌之一峰牙—己榜国家公园，两种资源类型完美互补，形成巨大的资源优势。

3.3.2 政治环境

滇越国际旅游区域的政治环境是指中国和越南的各项政治因素，主要涉及两国关系、外交政策、边境政策、相互之间的开放程度、旅游法律法规等。

3.3.2.1 滇越政治环境概况

滇越区域旅游合作的政治环境是以中越两国关系为基础的。中越交往历史悠久，两国于1950年1月18日建交，1991年双边关系恢复。1993年中越边境口岸开放，中国云南与越南获准开展边境旅游业务。1994年4月8日，中越双方在越南河内签署了双边旅游合作协定。1999年2月，中越两国领导人确定了21世纪发展两国关系的十六字方针，即“长期稳定、面向未来、睦邻友好、全面合作”①；同年4月6日，中越两国签订1999—2000年旅游合作计划②。2000年12月25日，中越两国在北京签署《中越关于新世纪全面合作的联合声明》，强调双方进一步扩大旅游合作②；2005年4月30日，云南

---

① 中越关于新世纪全面合作的联合声明（2000/12）[EB/OL]. 新华网，http：//news. xinhuanet. com/ziliao/2002-02/25/content_ 288865. htm.

②② 中越关于新世纪全面合作的联合声明（2000/12）[EB/OL]. 新华网，http：//news. xinhuanet. com/ziliao/2002-02/25/content_ 288865. htm.

省旅游局与河内市旅游厅签署了全面旅游合作协议。当然，中越边界领土问题以及南海的主权问题也是两国一直以来争而未解的焦点问题。

3.3.2.2 政治环境对滇越旅游共生的双向作用

可以说政治环境是影响滇越国际旅游合作的最大因素，而且很多时候是决定性的因素。当然，这种影响的具体表现也是双向的，即既有激励作用，也有阻碍作用。正向激励作用主要来自和平稳定的外交环境，国家对滇越旅游的支持和投入力度，法律法规的保障以及边境口岸的持续开放。阻碍作用来源于国家关系是一个时时变化的过程，关系的变化会导致边境区域合作与交往的不稳定性，例如，媒体曾报道的中越边境非法移民冲突事件、中越船只相撞事件、越南国内反华势力针对中资企业的打砸事件等，诸如此类事件均由两国边界和海域问题引起。在这样的情况下，可能导致相邻国双方的边境政策发生临时改变，影响国际游客的进入。即使边境政策没有发生改变，中越两国潜在旅游者也会因为这样的事件而对边境的安全性、旅游目的地国的安全性产生怀疑，从而阻碍国际旅游业的正常发展。

当然，中越两国临时出台的关于外交或边境管理的新政策也会极大地促进和推动滇越国际旅游的发展。如中国国务院于 2015 年 2 月 3 日公布的《关于印发落实“三互”推进大通关建设改革方案的通知》，给出了落实“推动内陆同沿海沿边通关协作，实现口岸管理相关部门信息互换、监管互认、执法互助”重大举措的具体改革方案，提出了力争到 2020 年，形成既符合中国国情又具有国际竞争力的大通关管理体制机制。该通知还要求改善大通关整体环境，完善口岸开放布局，加快自由贸易园（港）区和海关特殊监管区域制度创新与复制推广，畅通国际物流大通道，助推“一带一路”建设等。这一系列要求的落实，必将极大地促进滇越国际旅游区域的旅游业朝着更规范、更便捷、更高速的方向发展。

3.3.3 人口环境

滇越国际旅游区域的人口环境是指区域内人口的数量、分布、年龄、民族构成、性别结构等情况。人口环境既是旅游经营活动必要的人力资源条件，也是旅游企业产品和劳务的市场条件，是重要的共生环境。

3.3.3.1 滇越人口环境概况

2010年中国第六次人口普查显示，云南总人口数为4596.6万人，其中男性人口2385万，占总人口的51.89%，女性人口2211.6万，占总人口的48.11%；15~59岁的人口3135.1万，占总人口的68.2%；汉族人口3062.9万，占总人口的66.63%，少数民族人口1533.7万，占总人口的33.37%。

截至2013年10月，越南人口为9151.9万，分布在全国58个省和5个直辖市。其中城市人口占30.6%，农村人口占69.4%；男性人口占总人口的49.5%，女性人口占总人口的50.5%；15~59岁的人口5800万，占总人口的66.2%；京族人口7359.4万，占总人口的80.4%，少数民族人口1792.5万，占总人口的19.6%。

越南人口年轻化现象突出，20岁以下的人口占了总人口33%左右，就业压力较大。红河平原的人口规模是最大的，其次是北中部和中部沿海地区，西原是人口规模最小的地区。

3.3.3.2 人口环境对滇越旅游共生的双向作用

旅游地的民族构成和民族文化的丰富程度，是构成民族旅游资源的重要因素。中国云南和越南都是多民族地区，以绚烂多姿的民族文化著称，云南有52个民族，其中人口在5000人以上的少数民族有25个，15个民族为云南独有；越南有54个民族，京族是越南的主体民族。少数民族资源是滇越国际旅游区域独具吸引力的旅游资源，尤其对于国际旅游市场而言。同时，旅游业仍然不能脱离劳动密集型的状态，大量的旅游从业人员依赖于旅游地的人口，这些都会使人口环境对滇越旅游合作产生积极作用。

人口环境对国际旅游业的消极作用主要表现为对旅游氛围的管理和旅游服务质量，具体可以表现在以下几个方面：第一，旅游地的居民通常是本地文化的承载者和传播者，旅游者与本地居民之间的文化兼容性和和谐程度会直接影响国际旅游者的旅游体验和旅游感受，多数时候国家与国家间关系的紧张程度会影响到居民和旅游者的情绪情感，从而左右旅游地的旅游氛围，形成障碍和阻力。例如，中越在南海领域的争端，导致越南境内特别是南方反华势力抬头，一系列打砸事件造成南方非常紧张的旅游氛围。第二，一个国家或地区的旅游服务质量直接取决于旅游地人口（包括旅游从业人员和本地居民）的受教育程度和整体素质。云南属于中国西南相对落后的地区，教育水平不发达，中国第六次人口普查数据显示，云南 6 岁以上人口中拥有大学文化程度的人口仅占总人口的 6%，而小学文化程度的人口占了总人口的 43%。越南也是如此，在 15 岁以上的人口中，拥有大学文化程度的人口仅占总人口的 5.67%，而小学文化程度的人口占了总人口的 24.39%，小学未毕业和文盲占 17.27%。15 岁以上人口的受教育水平在男性与女性、城市与农村之间有较大的差别，受教育水平越高，差别越大。旅游从业人员素质普遍偏低，旅游教育和培训滞后，是阻碍国际旅游发展的另一个表现。

3.3.4 经济环境

滇越国际旅游区域的经济环境是指区域内的社会经济状况和国家经济政策，这一条件直接影响到滇越旅游区各旅游企业的生存和发展问题，也影响到区域内居民的旅游行为特征，如旅游动机、旅游决策，以及旅游者购买能力和支出模式等。

3.3.4.1 滇越经济环境概况

2017 年，云南省经济呈现出总体平稳、转型加快、质量提升的良好发展态势，经中国国家统计局审定，2017 年云南省地区生产总值（GDP）达 16531.34 亿元人民币，比上年同期增长 9.5%，增速高于全国水平 2.6 个百分点。第一产业增加值 2310.73 亿元人民币，增长 6.0%；第二产业增加值 6387.53 亿元人民币，增长 10.7%；第三产业增加值 7833.08 亿元人民币，增长 9.5%①。

2017 年越南国内生产总值（GDP）2276 亿美元，比上年增长 6.81%，人均 GDP 为 5350 万越南盾，相当于 2385 美元，比 2016 年增加 170 美元。就经济结构而言，农林渔业占 15.34%；工业和建筑业占 33.34%；服务业占 41.32%；水产品占 10.00%。2017 年越南可持续发展指数上升 20 位，在 157

① 2017 年云南 GDP 增速高于全国水平 2.6 个百分点 [EB/OL]. 新浪财经，http://finance.sina.com.cn/roll/2018-02-12/doc-ifyrkzqr2680241.shtml.

个国家和地区中排名第 68 位；世界经济论坛将越南竞争能力排名提升 5 位，在 137 个国家中排名第 55 位；世界银行将越南经营环境排名提升 14 位，在 190 个国家中排名第 68 位①。

3.3.4.2 经济环境对滇越旅游共生的双向作用

第一，CPI 指数高低会影响国际旅游者的出游动机；第二，城镇居民可支配收入会直接影响国际旅游者的旅游消费行为，包括消费档次、出游方式、购买能力等；第三，影响旅游产业结构②，一个地区或国家经济政策的倾向性、对不同产业的重视程度、支持和投入力度，会直接影响到旅游业的产业结构，具体来说包括对构成旅游活动的食、宿、行、游、购、娱等行业部门的数量多少、体量大小、合作方式等方面造成影响。

3.3.5 社会环境

滇越国际旅游区域的社会环境是指区域内人们生存及活动范围内的社会物质、精神条件的总和。与旅游息息相关的因素包括旅游地社会状况、文化差异、民风民俗、宗教信仰、价值观、思维模式等方面。

3.3.5.1 滇越社会环境概况

中国云南自古以来是一个多民族、多宗教、多文化融合的地区，文化上兼有中原文化和地方民族文化的特征，具有极强的包容性。著名的旅游地多数是少数民族聚居地，民风淳朴，热情好客。无论是在建筑、饮食，还是节庆、丧葬、宗教信仰方面，都与中原文化形成鲜明的对比，是旅游的核心吸引力所在。

越南文化的基础是土著东山农业文化，从大范围来看，越南文化可以算作汉字文化圈的一部分，中国的儒家思想对越南文化中传统的政治体系和哲学影响非常深远。2000 多年来，越南文化深受中国文化熏陶，在近两个世纪里，又受到以法国文化和美国文化为主的西方文化的影响，形成了今天越南

① 2017 年越南 GDP 超额完成目标 增长率达 6.81% [EB/OL]. 越通社，https：//zh.vietnamplus.vn/p.

② 百度百科，http：//baike.baidu.com/view/3895829.htm？fr=aladdin.

特有的文化特征和内涵。佛教是越南最大的宗教，除此之外，越南人也信奉天主教、基督新教、伊斯兰教和高台教、和好教等本土宗教。风俗节庆与中国非常相似，以春节、清明节、端午节、中秋节等节日为主，民居建筑则基本上是法国殖民时期留下来的比较整齐划一的风格，民居面阔统一在 3 米范围内，进深不限，这种狭长型的民居风格成为越南一道非常独特的建筑景观，而在休闲氛围、饮食习惯方面则更接近法国和美国方式，西餐文化非常盛行。

3.3.5.2 社会环境对滇越旅游共生的双向作用

社会文化对旅游共生关系的作用同样是双向的，既有积极促进作用，也有阻碍作用。积极作用表现为文化的差异性是构成旅游吸引力的关键因素，同时，文化因素还会引导人们的消费观念和消费习惯，例如是超前消费还是适度消费，是慢节奏的消费还是快节奏的消费，是经济型消费还是豪华型消费。阻碍作用同样来自差异，差异太大会带来不适应，会使不安全感增加，严重时会导致文化冲突。在旅游过程中，最明显的莫过于饮食，特别的饮食材料和饮食方式、口味会激起旅游者浓厚的兴趣，但这种新奇感很快会为长期形成的对本位饮食方式的适应性所取代，由此带来强烈的不适应感和不舒适感。另外，中国云南和越南都属于不发达地区，卫生条件相对落后，也容易造成国际游客的不适应感。

3.3.6 技术环境

滇越国际旅游区域的技术环境是指区域内的技术水平、技术政策、新产品开发能力以及技术发展动向等。当前，区域技术水平和对新技术的利用程度已经在很大程度上关系到地区经济的增长速度，就像企业的经营状况与其对研发的投入和新产品的开发设计相关一样。在旅游活动中，旅游资源的开发与保护越来越依赖高科技手段，旅游地的空间位移和旅游景区的可进入性也同样依赖技术环境，如高铁的运营、飞机航线的开通、旅游地信息的宣传扩散等。

3.3.6.1 滇越技术环境概况

由于云南地方政府的重视，云南在旅游方面获得了很多政策支持，早在

20世纪末就实现了主要景区全线通航、高速公路和高等级公路直达的格局，为了提高可进入性，还在不断地增加机场和航线，在热点线路和景区，在通航的基础上还开通了旅游专列。各景区景点都大量投入了信息化、电子化等技术，引导和管理旅游活动。但在网络营销、预订、支付等方面还比较滞后，不能适应和满足国际旅游市场的要求。

越南在旅游城市、旅游景区的可进入性建设方面，航空相对完善，但公路和铁路非常滞后，从北到南的主要公路基本还是二级路水平，在管理上也相对落后，路上各类型车辆、人畜混杂，通常行驶速度不能超过每小时60公里。部分地区开通的列车行进速度也非常缓慢，需要耗费旅游者大量的时间和精力。但与之相反，网络营销、预订、支付等方面建设比较到位，操作方便，非常适合国际旅游者，特别是欧美旅游者的消费行为和消费习惯。

3.3.6.2 技术环境对滇越旅游共生的正向激励作用

技术环境对滇越旅游共生通常具有正向的积极作用。科技含量越高、先进技术手段运用越广，对旅游业的促进作用越大。安全性能越好、信息传递越快捷，对旅游者的吸引力越大。当然，由于可进入性的提高，游客的空间转换速度加快，旅游产业链所产生的联动效应也会相应发生变化，从而提高效率，促进旅游业的快速发展。

3.4 共生条件

共生是一种客观存在的现象，只有满足其条件，共生关系才能够存在。滇越国际旅游区域共生合作的条件包括一般条件、均衡条件和稳定条件。共生关系的形成需要具备相应的条件，这些条件称为共生的一般条件。共生关系形成后，还需要一些相对特殊的条件来保证其均衡性和稳定性，这些条件称为共生的均衡条件和稳定条件。下面就从这几个方面来分别探讨滇越旅游共生的条件。

3.4.1 一般条件

3.4.1.1 共生界面的存在

共生界面是共生单元相互接触的方式和活动机制的总和，共生单元之间物质、信息和能量的传递需要通过共生界面来完成，共生界面的形态和结构有无形和有形、单介质和多介质、单一和多重、内生和外生之分①。中国云南和越南作为滇越旅游共生关系中最大的共生单元，彼此间有着时间和空间上的必然联系，在给定的时空条件下，旅游活动可视为两大共生单元之间的一种确定的共生界面，它保证了共生单元之间稳定的接触和物质、信息、能量的顺利转移和传递。

3.4.1.2 必然的交流与联系

共生单元之间要存在物质、信息和能量的联系。本书所研究的滇越国际旅游区域主体、客体、介体和载体各共生关系在旅游活动这一共生界面上进行物质、信息和能量的交换，它直接反映共生单元之间的利益转换关系，这种关系的成效我们可以在区域内的国际旅游人数和国际旅游收入统计数据中窥见一斑。滇越国际旅游区域各级共生关系之间这种必然的联系有三个方面的作用：一是促进中国云南和越南在国际旅游活动方面的分工与合作，例如通过滇越国际旅游区域旅游资源整合、国际旅游客源共享，弥补彼此之间的不足，形成互补，发挥更大的优势效应；二是推进中国云南和越南在国际旅游合作中相互适应、相互激励的过程，即合作的优化过程；三是通过这种联系使中国云南和越南之间按照共生的要求形成某种新的旅游经济结构，例如，新旅游主体关系的形成、新旅游企业组织的产生、新型旅游产品的开发等。

3.4.1.3 共生伙伴的选择

共生伙伴的选择通常遵循两大规律：一是有利于自己功能提高的、能力强的、匹配性好的候选单元将被优先选择；二是共生伙伴的选择过程是一个渐进的过程，并将随共生环境的变化而不断变化。中国云南与越南互为共生

---

① 袁纯清．共生理论——兼论小型经济［M］．北京：经济科学出版社，1998：26.

伙伴的选择是滇越国际旅游区域旅游业发展的客观要求。中国云南和越南交往历史源远流长，边境口岸相连，边民互市和贸易往来繁盛。另外，中国云南与越南经济、社会发展的状况相似，边境旅游业发展有一定的规模，双边的合作已经经历了不断认识、加深了解的阶段，双边在合作过程中不断地适应、磨合，完成了自然选择和市场匹配的过程，为滇越国际旅游区域的旅游合作奠定了很好的基础。中国云南与越南互为共生伙伴能够更好地整合区域旅游资源，完善优质的跨国旅游线路，提高旅游接待能力，取长补短，共享国际旅游客源市场，打造共生共赢的局面。

3.4.1.4 临界规模

所谓临界，是指由某一种状态或物理量转变为另一种状态或物理量的最低转化条件①。中国云南和越南土地面积相近，人口和民族构成相当，旅游资源种类互补，国际旅游市场发育情况良好，旅游接待能力稳定。这一系列状况均可视为中国云南与越南国际旅游合作的临界条件，或者称之为一个较为理想的临界规模。双边在这样的规模条件下进行的共生合作，最容易引起旅游市场显著的量变和质变，达到最佳的共生状态，即行为模式上表现为一体化共生，组织模式上表现为对称性互惠共生。

3.4.2 均衡条件

共生的均衡条件和稳定条件均属于共生的动态条件。

在共生单元之间形成共生关系的过程中，各项要素的匹配、对接，会导致共生能量的产生，即在一定的共生模式下，产生了新的能量。在新能量产生的过程中，必然也会带来损耗，这种损耗与共生界面的大小、共生界面的介质、共生界面的种类和共生模式等因素有着密切的关系②。这种在新能量的生成和损耗之间所谋求的均衡主要通过共生维度和共生密度来体现。滇越国际旅游共生主要包括四重维度，即旅游主体子系统、旅游客体子系统、旅游介体子系统和旅游载体子系统。在以上给定的共生维度条件下，滇越旅游共

① 百度百科。

② 袁纯清．共生理论——兼论小型经济［M］．北京：经济科学出版社，1998：20.

生的均衡主要从共生密度中体现出来。

因此，滇越国际旅游共生的均衡条件为：第一，滇越国际旅游区域内（以下简称“区域内”）国际旅游者的规模，即人数的多少；第二，区域内所有自然旅游资源和人文旅游资源组合而成的旅游线路的多少、旅游线路的长短，以及每条旅游线路的接待规模；第三，区域内使旅游活动得以开展所依赖的食、宿、行、游、购、娱六大产业内部旅游企业的数量和接待规模；第四，区域内保障旅游活动得以顺利进行的各环境要素所营造出的各类环境的舒适程度，如旅游地人口密度所营造出的舒适度、旅游地文化对异地文化的兼容程度所引起的舒适度、旅游地的经济发展模式及各国货币购买能力所引起的舒适程度等。

3.4.3　稳定条件

稳定条件是共生的另一个动态条件。总量均衡并不保证共生系统的稳定，共生关系稳定与否取决于共生体之间的内部结构。因此，共生的稳定条件包括以下三个方面：

第一，在给定的信息状态下，亲近度最高的同类共生单元之间或关联度最大的异类共生单元之间的共生最稳定①。这一条件可以通过旅游客体共生的例子加以说明，在同类旅游资源之间相似度最高的旅游资源整合最稳定，如喀斯特旅游景观资源的整合；在不同类型旅游资源之间关联度最大的旅游资源整合最稳定，如自然旅游资源与人文旅游资源的整合。人文旅游资源是依托一定的自然环境而形成的，自然资源和人文资源之间有着天然的、不可分割的内在联系，这样的整合也最稳定。

第二，由于在一种共生关系中，任一共生单元都不可能拥有其他共生单元的全部信息，共生关系总是在不完全信息条件下存在的，即在一定的信息丰度区间内［D_0，D_m］存在，D 表示某一共生单元的信息丰度，0 表示没有任何信息，m 表示全部信息。在不完全信息条件下，在亲近度和关联度识别中，信息丰度最高的共生单元最先进入共生体系，随着信息丰度的提高，亲

① 袁纯清．共生理论——兼论小型经济［M］．北京：经济科学出版社，1998：22.

近度或关联度较高的共生单元将替代亲近度或关联度较低的共生单元，从而达到稳定状态①。这就意味着共生单元从低级向高级逐渐进化的过程包含了共生关系从不稳定向稳定转化的过程。

第三，共生关系中共生能量和共生损耗的分配也在很大程度上影响共生关系的稳定性。刚才我们假设共生关系在一定的信息丰度区间［D_0，D_m］存在，那么当共生单元的信息丰度越大，并且越接近 D_m 的时候，边际密度损耗越小；反之，当共生单元的信息丰度越小，并且越接近 D_0 时，边际密度损耗就会越大。亲近度、同质度等要素对共生均衡的影响也是这样，共生单元的亲近度越大，同质度越高，边际能量越大，同时，边际密度损耗也越小。

3.5 本章小结

首先，本章将滇越国际旅游活动分为了三个不同层次的共生系统：第一层次，“面”上的共生系统，即旅游活动共生系统；第二层次，“线”上的共生系统，即把旅游活动的“四体”分别看作一个共生系统，得到四个共生子系统——主体子系统、客体子系统、介体子系统和载体子系统；第三层次，“点”上的共生系统，即将每个子系统中各要素视为一个独立的共生系统来分析其共生关系，这样一来，又将形成不同的共生单元。经过分析，选择并确定了本书以第二层次共生系统作为研究滇越国际旅游合作的切入点和重点研究范畴。

其次，本章在界定的研究范围内，分别对滇越国际旅游区域的旅游活动主体、旅游活动客体、旅游活动介体和旅游活动载体四大子系统的共生单元、共生模式和共生环境三大共生要素进行了分析，同时探讨了滇越国际旅游区域合作的共生条件，包括一般条件、均衡条件和稳定条件。

---

① 袁纯清．共生理论——兼论小型经济［M］．北京：经济科学出版社，1998：22.

4　滇越国际旅游合作共生机制研究

“机制”一词最早源于希腊文，原指机器的构造和工作原理①。这一词汇延伸到社会学领域，其内涵可以表述为“在正视事物各个部分存在的前提下，协调各个部分之间关系以更好地发挥作用的具体运行方式”②。因此，本章所要探讨的滇越国际旅游合作共生机制就是在正视区域内各共生要素存在的前提下，通过对旅游业“四体”共生单元、共生模式和共生关系的分析探讨，找出它们之间相互作用的动态方式，结合区域旅游合作理论，从滇越区域范围内的资源整合、品牌建设、利益均衡、共同决策、共担责任、共同监督等方面入手，建立一套可以让滇越区域合作更好地发挥作用、有利于滇越国际旅游共同发展、实现“双赢”和“多赢”目标的方法。

4.1 资源整合机制

资源的整合就是为了让资源流向最能增值的地方。因此，要实现滇越国际旅游区域旅游业的飞速发展，必然要对与旅游业相关的各类资源进行整合。通过整合，力求拓展资源的空间范围，提升现有资源的品位，更加合理地利用资源，从而进一步实现滇越双方的互利互惠和共生共赢。

对滇越旅游合作区域内进行资源整合的机制就是要解决三个方面的问题：第一，应该选择哪些资源进行整合？如何选择？第二，整合这些资源进入共生系统的持续动力是什么？第三，整合后的共生系统会产生多少新的价值？

①② 百度百科。

4.1.1 选择原则

人类发展演进的历史充分表明资源是一个国家或者一个地区发展的关键因素。由于国家、地区之间拥有的资源种类、数量、级别、开发和利用资源的能力等各不相同，就构成了区域之间分工与协作的基础。在开放的市场经济条件下，国家和地区间的经济发展不可能割断所有的依赖关系而独立存在，每个国家或地区都有自身的发展优势和劣势，要克服自身的劣势，充分发挥自身的优势，就必须相互交往和相互合作，这是区域发展的相互依赖理论告诉我们的事实。

旅游活动是一个复杂的共生系统，拥有多层共生界面和庞大的产业链，一项旅游活动的开展涉及餐饮业、酒店业、交通、景区景点、基础设施、旅游代理机构、行业管理部门等诸多要素，在这些资源中如何才能挑选出最有利于滇越国际旅游合作与发展的资源进行整合，是滇越国际旅游合作的关键因素。总体看来，需要遵循三大原则进行选择：

第一，优先选择国际旅游活动的核心资源——旅游资源。旅游系统包括旅游活动的主体（旅游者）、客体（旅游资源）、介体（旅游业）、载体（旅游环境），其中最核心的资源即旅游资源，它是激发国际旅游者产生旅游行为的重要吸引物。因此，首先要对中国云南和越南区域内的旅游资源进行整合，形成跨国界的优势旅游产品，作为吸引国际旅游活动主体——国际旅游者的根本。

第二，寻找国际旅游活动的关键介体——旅游交通。旅游活动的介体也称旅游活动的媒体，即联系旅游主体和旅游客体之间的媒介物——旅游业，从传统意义上讲，其包括食、宿、行、游、购、娱六大要素。国际旅游活动由于需要跨越国界，具有空间跨度大、转移速度快等特点，要求有便捷化、多样化的实现空间位移的工具，这就是国际旅游活动的关键介体——国际旅游交通。20 世纪 60 年代初，以德国学者沃纳·松巴特（Werner Sombart）为代表提出的生长轴理论充分说明了交通在经济活动中的重要性，指出连接中心城市的重要交通干线（铁路、公路）的建设，将形成新的有利区位，方便人口流动①，同时以交通线为“主轴”将逐渐形成一条产业带，能有效地促进资源要素的自由流动与合理配置。

第三，紧抓国际旅游的现代化载体——技术环境。通过信息技术平台实现的网络沟通与互动是技术环境对现代旅游业最大的贡献之一，它直接影响着滇越旅游合作的水平和能力。当前，一个国家或地区经济增长的速度在很大程度上与重大技术发明采用的数量和程度相关，一个企业的盈利状况也与其研发费用的投入程度相关②。而这里所强调的是技术环境中关于网络应用的部分，它是国际旅游活动中最快捷的信息共享渠道，也是实现异地旅游交易的重要手段。

4.1.2　持续动力

各个国家或地区之间为了获得利益最大化、在竞争中立于不败之地，必然要适应市场经济的要求促成相互补充、相互合作的局面，从而实现有限资源合理配置、规模收益和利润最大化。因此，滇越国际旅游合作中资源整合的动力主要来自以下几个方面：

第一，国家和地区之间的经济利益最大化。旅游业的经济效益主要来自两个指标：一是旅游人次数指标；二是旅游人均消费指标。如果所有条件具备，能够达到共生的最佳状态，即一体化、对称性互惠共生状态，真正实现滇越国际旅游市场的一体化，必将推动滇越国际旅游的极大发展，无论在旅游人次数还是旅游收入上都将有飞跃性的增长，实现滇越国际旅游的经济利益最大化。为了吸引更多、更好的国际旅游客源市场，就要求旅游目的地提高旅游客体的吸引力，增强旅游目的地的可进入性，能够提供方便快捷的国际旅游服务。

第二，大幅度提升国家和地区之间的社会效益。国际旅游活动所带来的最直接的社会效益就是为旅游目的地国家或地区创造就业机会，带动就业，促进社会安定，营造和谐的旅游氛围。相关资料显示，由于旅游业产业链长，

①② 百度百科。

对相关产业的带动作用很强，因此对就业的拉动力也很强，达到了 1∶5 的比例①。也就是说，1 个旅游者可直接创造 5 个就业机会，同时还能够创造很多间接的就业机会，大幅度提升国家和地区之间的社会效益。

第三，降低资源开发利用成本，规范国际旅游秩序，避免恶性竞争。旅游业因为其广泛的关联效应和乘数效应，在各国、各地区经济发展中起到了重要的作用，因此，越来越多的国家和地区政府都将旅游业的发展作为本国、本地区的重要发展战略和新的经济增长点，包括中国云南和越南在内。在这个过程中，由于国家和国家、国家和地区之间有国界之隔，使区域范围内的旅游资源及其他资源难以做到统一规划、共同开发、合理利用，基础设施的协调共建存在很大的障碍，信息要素的跨地区流动也困难重重。这些问题的存在不仅增加了资源和设施开发利用的成本，影响国际旅游者的旅游体验，同时也会严重影响滇越国际旅游市场的整体秩序，阻碍区域内国际旅游的持续、健康、快速发展。

4.1.3 新价值

旅游业是中国云南和越南重点发展的第三产业之一，随着旅游服务设施的不断改善、服务水平的逐步提高，双方在旅游业领域都取得了突破性进展，旅游接待人数逐年攀升，不断刷新纪录，旅游收入也大幅度增长。旅游业的飞速发展不仅为中国云南和越南带来了巨额的旅游收入，同时也带动了国内商贸的发展，为民众带来了实惠，经济效益和社会效益巨大，见表 4-1。

---

① 长假对旅游产业影响显著，1 个人旅游可以带动 5 个人就业 [N/OL]. 浙江日报，http://zjrb.zjol.com.cn/html/2009-03/09/content_4580186.htm.

表 4-1 滇越 2004—2017 年国际旅游接待情况对比

年份	中国云南				越南			
	海外旅游者人数（过夜人次）	年增长率（%）	旅游外汇收入（亿美元）	年增长率（%）	国际旅游者人数（人次）	年增长率（%）	旅游外汇收入（亿美元）	年增长率（%）
2004	1100994	10.1	4.22	24.1	2927876	20.5	27	—
2005	1502817	36.5	5.28	25.1	3467757	18.4	23	-14.8
2006	1810017	20.4	6.58	24.6	3583486	3.0	28.5	23.9
2007	2219030	22.6	8.60	30.7	4171564	16.4	33.3	4.8
2008	2502170	12.8	10.08	17.2	4235792	1.5	39.7	19.2
2009	2844902	13.7	11.72	16.3	3772359	-10.9	38	-4.3
2010	3291500	15.7	13.24	13.0	5049855	34.8	46.1	21.3
2011	3953837	20.1	16.09	21.5	6014031	19.1	61.9	15.8
2012	4578433	15.8	19.47	21.0	6847678	13.9	66.0	6.6
2013	5335000	16.5	24.19	24.2	7572352	10.6	75.0	13.6
2014	5310600	-0.46	24.21	0.1	7870000	4	109.5	46
2015	5700800	7.35	28.76	18.79	8000000	1.7	151.96	38.8
2016	6003800	5.31	30.75	6.93	10000000	25	183.7	20.9
2017	6676900	11.2	35.50	15.5	12900000	29.1	230	25.2

资料来源：①云南省旅游发展委员会统计数据；②越南旅游局统计数据。

从表 4-1 可以看出，继中国云南 1999 年海外旅游人次数首次突破百万大关之后，2007 年海外旅游人次数突破 200 万，之后仅 5 年的时间，海外旅游接待人次数持续增长，一举突破 400 万，呈现了良好的增长势头①。越南的国际旅游者数量在 20 世纪 90 年代初就达到了百万人次，2000 年突破 200 万人次，7 年间突破 400 万人，2013 年国际旅游人次数突破 700 万②，2016 年国际旅游人次数突破 1000 万，再创新高，增长势头超过云南。两个旅游目的地国际旅游人数总体都呈现良好的持续增长状态。

而在未来的旅游业发展中，云南和越南都确定了远大的目标和设施规划。

①② 成竹，陈伟. 基于国际旅游合作视角的自助旅游目的地比较研究——以云南和越南为例[J]. 广西经济管理干部学院学报，2014（4）：91-98.

“至2020年越南旅游发展总体规划、2030年旅游发展方向”明确提出，未来的13年内，越南政府在旅游领域计划实施的重大举措和目标包括：第一，至2020年，将旅游业发展成为国内顶尖的经济行业，逐步提高旅游业在国民经济中的GDP比重，促进社会经济的发展；并向专业化、现代化方向转型，大力提升越南旅游的品牌和形象，提高旅游业的国际竞争力。第二，在充分保留和发挥民族文化价值、保护景观和环境的基础上，开发高质量的旅游产品，至2030年，使越南跻身世界旅游发达国家之列。第三，逐年提高国际国内旅游接待规模，增加旅游外汇收入，创造劳动就业机会，扩大旅游投资额度。见表4-2。

表4-2　至2030年越南旅游业发展预期目标

年份	国际旅游人数（万人次）	国内旅游人数（万人次）	旅游总收入（亿美元）	占GDP比重（%）	就业人数（万人）	旅游投资额度（亿美元）
2020	1050	4750	185	7.0	290	240
2025	1400	5800	260	7.2	350	252
2030	1800	7100	352	7.5	470	265

资料来源：根据老街省文化体育与旅游厅提供的《2020—2030年越南旅游总体规划》翻译整理而成。

根据表4-1和表3-1中2017年的最新数据，越南旅游业发展2020年预期目标中的国际旅游人数和旅游总收入的目标已于2017年提前实现，而国内旅游人数2017年达7300万人次，已提前实现了2030年的目标。由此可见，滇越国际旅游合作最大的价值在于能够积极促进滇越国际旅游区域未来旅游业的蓬勃发展，是未来旅游规划中各项指标顺利实现的重要途径和保障。

这里特别需要说明的是，当整合后的共生系统能够创造新价值的时候，共生单元本身未必有整合的动力；反之，共生单元之间有积极整合的意愿时，共生系统未必能够创造新价值。所以，我们研究的目的正是为了既找到共生单元之间整合的足够动力，又能够保证整合后的共生系统创造新的价值。

4.1.4　整合机制

解决了选择哪些资源进行整合、整合资源的持续动力的问题，并确定了整合后共生系统产生的新价值后，我们将针对所选择的资源进行优先整合，这个过程包括滇越旅游资源的整合、滇越旅游通道的整合以及与旅游业相关的技术资源整合。

4.1.4.1 旅游资源整合

区域内不同旅游资源的整合与共享是构成地区间的空间联系和相互领先的前提①。区域内旅游资源的整合须遵循的两大原则是优势互补和优势叠加。

（1）中国云南旅游资源概况

中国云南地处中华文化圈、印度文化圈和东南亚文化圈交汇点，得天独厚的地理、气候条件，孕育了丰富的自然旅游资源和多样的民族文化。云南极其丰富的旅游资源类型和极高的资源品位，是云南旅游业自改革开放以来持续吸引国内外客源的重要因素，随着旅游业的发展、旅游管理水平的提高，这种优势仍然在持续。

云南旅游业经过多年的发展，立足国内外旅游大格局，以创新旅游区域体系为目标，形成了六大旅游区域，即滇中“大昆明国际旅游区”、滇西北“香格里拉生态旅游区”、滇西南“澜沧江—湄公河国际旅游区”、滇西“火山热海边境旅游区”、滇东南“喀斯特山水文化旅游区”和滇东北“红土高原旅游区”，格局分布见图 4-1。

六大旅游区分别由一定的行政区域组成，由于地形地貌、气候、民族构成等的差异，导致六大区域形成各自较为突出的资源特色，如表 4-3 所示。

---

① 葛立成，聂献忠．区域旅游合作——理论分析与案例研究［M］．北京：社会科学文献出版社，2009：49.

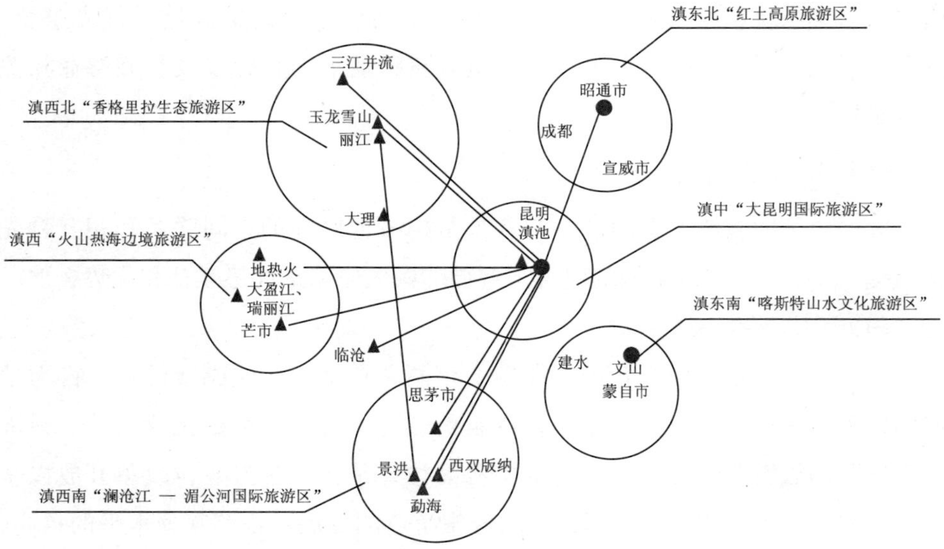

图 4-1　云南六大旅游区分布

表 4-3　云南六大旅游区旅游资源特色一览

旅游区	组成部分	特点
滇中 “大昆明国际旅游区”	昆明市 玉溪市 楚雄彝族自治州	1. 独特多样的自然旅游资源 2. 积淀深厚的人文旅游资源 3. 新兴的现代人文景观资源
滇西北 “香格里拉生态旅游区”	大理白族自治州 丽江市 迪庆藏族自治州 怒江傈僳族自治州	1. 自然景观神奇壮丽 2. 历史文化丰富深邃 3. 民族风情绚丽多姿 4. 宗教文化神秘深邃 5. 人与自然交相辉映
滇西南 “澜沧江—湄公河国际旅游区”	西双版纳傣族自治州 普洱市 临沧市	1. 神秘的热带雨林与亚热带森林 2. 神奇的民族风情与地方文化 3. 神远的茶马古道和茶文化 4. 漫长的国境线与边境口岸 5. 壮丽的澜沧江与高峡电站群

续表

旅游区	组成部分	特点
滇西 “火山热海边境旅游区”	德宏傣族景颇自治州 保山市	1. 温泉康体度假 2. 边境跨境风光 3. 翡翠玉石购物旅游资源 4. 多民族、跨地域文化多元性 5. 生物多样性 6. 滇西抗战文化资源
滇东南 “喀斯特山水文化旅游区”	曲靖市南部地区 红河哈尼族彝族自治州 文山壮族苗族自治州 昆明石林县、宜良县	1. 喀斯特山水景观 2. 多样的区域民族历史文化 3. 云南第一近代产业文化突出 4. 中原文化和少数民族文化融合
滇东北 “红土高原旅游区”	曲靖市 昭通市	1. 世界最大的黑颈鹤越冬栖息地之一 2. 大江源头（珠江源） 3. 云南与内地其他地区最早要道 4. 高密集型瀑布群 5. 高原温泉 6. 扎西会议会址

资料来源：根据《云南省旅游产业“十三五”发展规划》等资料整理而成。

（2）越南旅游资源概况

越南有54个民族，京族占总人口的87%；少数民族有岱依族、泰族、芒族、苗族等，各具风情。越南旅游资源丰富，这里有千年的皇城和古都，有多彩的民族和原生态文化，3260公里的海岸线是越南最具吸引力的旅游资源。边境小镇沙巴2012年接待国际旅游者12.5万人次，让人叹为观止；美奈作为风筝冲浪者的旅游天堂，也是越南国际旅游者们的最爱；国际化程度很高的胡志明市、首都河内市、下龙湾、顺化、会安、芽庄、岘港、大叻、海防、藩切、头顿、湄公河三角洲都是国际旅游者们光顾的热点①。

越南旅游业也是越南政府重点发展的行业之一，随着旅游服务设施不断完善、服务水平逐渐提高，近年来取得了飞速的发展，自2010年至今，国际旅游人次数连续突破500万、600万、750万，旅游外汇收入也从2010年的46亿美

① 成竹，陈伟．基于国际旅游合作视角的自助旅游目的地比较研究——以云南和越南为例［J］．广西经济管理干部学院学报，2014（4）：91-98.

元增长到2013年的75亿美元，发展势头迅猛。为了更好地发展越南旅游，在《2020—2030年越南旅游总体规划》中，将越南划分为七大旅游区域。

根据各区域资源特色，又将七大区域分别划分为若干旅游区，分别由所归属的省份进行管理，如表4-4所示。

表4-4 越南七大旅游区域一览

旅游区域	组成部分	行政归属省份
北部山地地区	同文岩石高原旅游区	河江
	德天瀑布旅游区	高平
	母山旅游区	谅山
	三波旅游区	北件
	新潮旅游区	宣光
	谷山旅游区	太原
	沙坝旅游区	老街
	Thác Bà 旅游区	安拜
	雄王庙旅游区	富寿
	木州旅游区	山罗
	奠边府—Pá Khoang 旅游区	奠边
	和平湖旅游区	和平
红河平原及东北沿海地区	下龙—吉婆旅游区	广宁、海防
	云屯旅游区	广宁
	茶古旅游区	广宁
	昆山—Kiếp Bạc 旅游区	海阳
	巴维—Suối hai 旅游区	河内
	越南各民族文化旅游村旅游区	河内
	三岛旅游区	永福
	长安旅游区	宁平
	三祝旅游区	河南
中北部地区	金莲旅游区	义安
	天琴旅游区	河静
	峰牙—己榜旅游区	广平
	LăngCô—景杨旅游区	顺化

续表

旅游区	组成部分	行政归属省份
中南部沿海地区	山茶旅游区	岘港
	巴拿旅游区	岘港
	占婆岛	广南
	美溪旅游区	广义
	芳梅旅游区	平定
	春台湾旅游区	富安
	金兰北侧旅游区	庆和
	宁字旅游区	宁顺
	美奈旅游区	平顺
西原地区	Mang Den（Măng Đen）旅游区	昆嵩
	泉林旅游区	林同
	Dan Kia—金泉（Đan Kia-Suối Vàng）旅游区	林同
	Yokdon 旅游区	得乐
东南部地区	Ba Den（Bàen）山旅游区	西宁
	Can Gio（Cần Giờ）旅游区	胡志明市
	龙海—福海旅游区	巴地头顿
	昆岛旅游区	巴地头顿
九龙江平原地区	泰山旅游区	前江、槟椥
	富国旅游区	坚江
	南根旅游区	金瓯
	幸福地区旅游区	龙安

资料来源：根据老街省文化体育与旅游厅提供的《2020—2030 年越南旅游总体规划》整理而成。

（3）优势互补机制

优势互补就是互相借助对方的优点和长处，是区域旅游资源整合的核心要素之一。中国云南和越南由于旅游资源禀赋、发展条件各不相同，资源优势也不同。应对差异较大的旅游资源通过开发旅游专线的形式进行整合，对口向对方市场开放，形成良好的空间优势互补，实现互利共赢。

中国云南优势资源——低纬度雪山峡谷资源景观。云南滇西北“香格里拉生态旅游区”拥有北半球纬度最低的雪山群和世界级峡谷景观，是中国云南对越南最好的互补型优势旅游资源。该区域特色旅游景观包括：玉龙雪山，主峰扇子陡海拔 5596 米，山顶终年积雪，同时拥有发育完好的北半球纬度最低的现代海洋冰川景观。哈巴雪山，最高峰海拔 5396 米。玉龙雪山与哈巴雪山之间的虎跳峡，峡谷长 16 公里，中间江流宽仅 30~60 米，两岸山岭和江面相差2500~3000 米，谷坡陡峭，江流在峡内连续下跌 7 个陡坎，落差 170 米，水势汹涌，蔚为壮观。香格里拉梅里雪山，主峰卡瓦格博峰海拔 6740 米，由平均海拔在 6000 米以上的 10 余座山峰组成，是世界稀有的海洋性现代冰川，加之浓郁的藏族文化，是登临探险的旅游胜地。怒江大峡谷，平均深度为 2000 米，最深处达 3500 米，远胜于美国科罗拉多大峡谷（最深处达 1830 米），被誉为世界上最长、最神秘、最美丽险奇和最原始古朴的东方大峡谷。这一优势景观资源是越南匮乏的旅游资源类型，差异大，吸引力强。围绕这一特色资源类型，可开发雪山峡谷特色旅游专线，亟须解决的问题在于加强空中交通设施建设，国际方面开通越南北部、中部和南部重要城市与云南省的旅游直航，国内方面需要加紧红河州机场的建设，迅速实现从滇东南向滇西北的空间转移。

越南优势资源——海滨和海岸带资源景观。海洋及海洋文化是云南最稀缺的旅游资源景观，对久居高原的云南人而言，具有强烈的吸引力，因此海滨及海洋旅游资源是越南对中国云南最好的互补型优势旅游资源。围绕这一特色资源类型，可设计开发两个重量级的旅游产品：一是海滨度假旅游。越南 3260 多公里的海岸线上，从北到南沿下龙湾—海防—清化—顺化—岘港—会安—归仁—芽庄—藩切（美奈）—头顿—富国岛形成了越南最美的海岸线旅游景观，这里和世界上所有的海岸一样，有阳光、沙滩、海水，有秀丽的海滨城市，海防、岘港、会安、美奈都是国际旅游者非常喜爱的旅游目的地。此专线产品需要大力投入越南国内的地面交通设施建设，改善沿海一线公路质量等级，提高公路交通运输的效率和景观优势。二是邮轮旅游，即环东南亚太平洋邮轮特色旅游专线。由于延绵的海岸线、独特的海洋景观和城市风情，越南每年西贡国际邮轮码头都有来自欧洲的豪华邮轮过境停靠 2~3 天，越南也有计划将要开通赴马来西亚、新加坡、印度尼西亚等地的邮轮旅游航线，这样一来就可以从中国云南经越南参加环东南亚太平洋邮轮旅游，这又是一项非常具有特色的旅游产品和旅游线路，必将在中国云南掀起一场搭乘邮轮赴东南亚旅游的热潮。此专线只要能够开通昆明至越南胡志明市的直航，就能够实现中国云南旅游者赴越南国际邮轮码头的空间位移。

滇越共有优势资源——滇越铁路景观。滇越铁路为米轨轨距的窄轨铁路，始建于1903年10月，1910年1月正式通车，从越南海防至中国昆明，全长854公里，曾经是中国连接越南的铁路干线。滇越铁路分为越南段（越段）和云南段（滇段），其中云南段长468公里，越南段长386公里。可以说，滇越铁路是中国云南居民和越南居民相互间最早认知的关联性事物，也是国际社会认知中国云南和越南的主要代表事物。如今，这条与奥地利赛默林铁路和印度大吉岭喜马拉雅铁路齐名的历史遗迹，在历经百年沧桑之后，作为一条古老的“运输通道”，于2006年开始着手申报“世界遗产”。其特点在于：第一，它曾经是一条国际性铁路通道，在跨国界的经济文化活动中，起到过相当重要的作用；第二，修建滇越铁路的工程技术在当年处于世界领先水平；第三，它跨越国界，连接多民族和多元文化；第四，滇越铁路沿途自然风光美丽多样，有极好的旅游价值。为此，云南方面正大力加大对滇越铁路的维护和保护力度，编写史志、收集文物、整修已报废的机车车辆、修建铁路博物馆，同时，从历史和民族文化资源等角度，积极深入研究滇越铁路的遗产价值。无论“申遗”成功与否，对滇越铁路的修复重建、相关信息的整理汇总，以及对铁路沿线多民族多元文化的深度挖掘工作都将对中越旅游的合作产生极其重大和深远的影响，“滇越铁路”也将成为滇越国际旅游合作中最具有历史积淀的优势资源和品牌。

（4）优势叠加机制

所谓优势叠加机制指的是整合滇越旅游资源中的同类型或相似度极高的旅游资源，从而使滇越国际旅游区域间各旅游地凭借整体优势，提升旅游资源的知名度，扩大旅游资源的影响力，吸引更大的旅游市场，创造更多的经济效益、社会效益和环境效益，获得在更大空间上的发展。具体做法就是将同级别、同类型的资源联合起来，将其整合在滇越国际旅游区域旅游产品的设计中，提升规模以扩大优势。经过比较研究，滇越重点旅游资源如表4-5和表4-6所示。

表 4-5　云南省重点旅游资源

世界遗产（6 项）	丽江古城（世界文化遗产，1997 年） 三江并流（世界自然遗产，2003 年） 纳西东巴古籍文献（世界记忆遗产，2003 年） 石林（世界自然遗产，2008 年） 澄江化石地（世界自然遗产，2012 年） 红河哈尼梯田（世界文化遗产，2013 年）
国家级历史文化名城（6 个）	昆明、大理、丽江、建水、巍山、会泽
国家级风景名胜区（13 个）	石林、滇池、九乡、大理、玉龙雪山、三江并流、丘北普者黑、腾冲地热火山、瑞丽江—大盈江、建水、西双版纳、泸西阿庐古洞、罗平九龙瀑布

资料来源：根据百度信息整理而成。

表 4-6　越南重点旅游资源

世界遗产 （7 项）	顺化历史建筑群（世界文化与自然遗产，1993 年） 下龙湾（世界自然遗产，1994 年） 圣子修道院/美山占城圣地（世界文化遗产，1999 年） 会安古镇（世界文化遗产，1999 年） 峰牙—己榜国家公园（世界自然遗产，2003 年） 河内升龙皇城（世界文化遗产，2010 年） 胡朝时期的城堡（世界文化遗产，2011 年）
国家级旅游景点 （40 个）	北部山地中流地区（老街、PắcBó、谅山、梅州） 红河平原及东北沿海地区（升龙皇城、安子、北宁、香庙、菊芳、云龙、献街、陈庙） 中北部地区（胡家城、阮游六年、同禄道岔、同海、广治古城、白马） 中南部沿海地区（五行山、美山、理山、长累、长沙、富贵） 西原地区（东洋道岔、Yaly 湖、Lak 湖、嘉义） 东南部地区（邪设、南部中央局、吉先、古之、治安湖） 西南部地区即九龙江平原（莲村、Tràm Chim、Sam 山、老虎洲渚、芹苴、河仙、高文楼留念）
旅游都市 （12 个）	老街省——沙坝旅游都市 海防省——图山旅游都市 广宁省——下龙旅游都市 清化省——岑山旅游都市 义安省——Cua Lo（Cùa Lò）旅游都市 顺化省——顺化旅游都市

续表

旅游都市 （12个）	岘港市——岘港旅游都市 广南省——会安旅游都市 庆和省——芽庄旅游都市 平顺省——藩切旅游都市 林同省——大叻旅游都市 巴地头顿省——头顿旅游都市

资料来源：根据老街省文化体育与旅游厅提供的《2020—2030年越南旅游总体规划》翻译整理而成。

对比分析滇越重点旅游资源不难发现，喀斯特景观资源是中国云南和越南最相似的旅游资源，而且都属于世界自然遗产级别：中国云南有石林，越南有下龙湾和峰牙—已榜国家公园。另外，相似度非常高的还有古城镇景观资源：中国云南有丽江古城，越南有会安古镇，同属于世界文化遗产级别。这些客体旅游资源相似度极高，品级也相当，都处在滇越国际旅游区域旅游客体共生关系中，根据优势叠加的原则，可将这些资源整合为区域内的精品旅游线路，以增强区域旅游的吸引力和影响力。

精品线路1：通过滇越跨国自驾旅游专线整合喀斯特精品国际旅游线路。自驾游是中国云南日益走红的新型大众旅游形式，随着中国云南境内跨国高速公路的全线开通，跨国精品自驾旅游线路也日益成熟，目前多条昆明至东南亚的跨国自驾旅游线路均已成形，每年有不少自驾旅游者通过自驾的方式行走于东南亚各国间。其中从中国昆明经弥勒、开远、蒙自、屏边、河口至越南老街、河内、下龙湾的自驾线路已经开通，全程952公里，其中中国云南段451公里，越南段501公里。这一线路经过微调，可以将地上喀斯特奇观石林、水上喀斯特景观下龙湾和巨型地下喀斯特景观峰牙—已榜国家公园整合在其中，形成一段绝美的喀斯特景观之旅。

精品线路2：滇越精品古镇旅游线路。中国云南的丽江古城又名“大研古镇”，海拔2400余米，以小桥流水、纳西民居闻名中外，也是中国罕见的保存相当完好的少数民族古镇。越南会安古镇，位于越南中部重要城市岘港市郊，是最早出现旅越华侨的城市，也是15世纪到19世纪东南亚保存最完好的亚洲传统贸易港的典范，独具特色。这样极具个性的两个古镇，如果能够实现“才饮会安水，又食丽江鱼”，必将是人生一大幸事。

4.1.4.2 旅游通道整合

在实现旅游资源整合的基础上，要让资源能够充分地发挥效益，必须要顺利解决国际旅游者的国际空间转移问题，这就要求有通畅的通道做保障，即旅游交通通道，这些通道包括空中、陆路和水路通道。通道的整合主要是指中越两国间保证国际游客顺利实现空间转移方面的建设与合作，以及国际旅游交通运输企业的联合运营等。

（1）滇越国际通道现状

滇越旅游的主要通道是航路和陆路，水路通道有待拓展。

国家一类空港口岸：昆明（长水机场）口岸。昆明空港口岸是中国面向东南亚、南亚和连接欧亚的大型门户枢纽机场，与乌鲁木齐地窝堡国际机场并列为中国两大国家门户枢纽机场，也是中国西部地区唯一的国家门户机场①。2017 年，机场完成旅客吞吐量 4473 万人次，完成航班起降 35.03 万架次，完成货邮吞吐量 41.9 万吨，同比分别增长了 6.5%、7.5%、9.4%。2017 年长水机场平均每天起降航班 960 架次，其中国际航班约占 10%。

国内开通的直飞越南各城市的航班由于国际政治局势的变化而多有波折，中越政治局势较为稳定的时候各城市航班均能正常飞行，遇到中越政治局势不稳定时，几乎除广州外的所有中越航线均会受到影响，处于停飞状态。截至 2018 年 4 月初，国内开通至越南河内和胡志明市直飞航班的城市包括北京、上海、广州、深圳、昆明、长沙、重庆、南宁等，其中，厦门开通了直飞胡志明市的航班，成都开通了直飞河内的航班。作为我国通往东南亚、南亚的门户机场，昆明现开通直飞越南河内、胡志明市、岘港和芽庄的直飞航班，每周航班执行情况如表 4-7 所示。

表 4-7　昆明直飞越南各城市航班执行情况

直飞航班	执行日期
昆明—河内	每周二、周六
昆明—胡志明市	每周二、周四、周六

① 百度百科。

续表

直飞航班	执行日期
昆明—岘港	每周二、周四、周六
昆明—芽庄	每周三、周五、周日

资料来源：根据携程旅行网航班信息整理。

国家一类陆港口岸：河口。位于中国云南省红河州河口县城南端，与越南老街市隔河相望，国境线长 193 公里，是中越边境云南段最大的口岸。来自云南河口边检站的数据显示，继 2013 年云南河口口岸出入境旅客突破 300 万人次大关后，2017 年 11 月 19 日 9 时 9 分，河口口岸出入境旅客流量再创新高，突破 400 万人次大关，较上年同期增长 22%，这是 2017 年 11 月 7 日 9 时，河口口岸进出口货运量突破 500 万吨后再次刷新历史数据①。

国家一类陆港口岸：天保。位于中国云南省文山州麻栗坡县天保镇，与越南河江省清水河口岸相邻，国境线长 277 公里，是从云南进入越南和连接东南亚、南亚的重要陆路通道，也是中国云南通往越南首都取道最直、里程最短的重要陆路通道之一。云南天保口岸边检站最新统计数据显示，2014 年口岸出入境人数突破 50 万人次大关②，2016 年 11 月 25 日 8 时 20 分，天保口岸出入境人数突破 100 万人次③。

国家一类陆港口岸：金水河。位于中国云南省红河州金平县南端，与越南莱州省交界，国境线长 502 公里。2014 年口岸出入境人员流量 20 余万人次④，2015 年底口岸出入境人员达 44 万人次，通关车辆 19164 辆次，同比分别增长 88%和 83%，创口岸复通以来历史新高。

水路通道：红河。作为亚洲著名的国际性河流，发源于云南省大理白族自治州巍山彝族回族自治县，是云南六大水系之一，而且是发源于云南省内

① 云南河口口岸出入境流量突破 400 万人次，创历史新高［EB/OL］. 中国新闻网，http：//www. chinanews. com/cj/2017/11-22/8382629. shtml.

② 云南天保口岸 2014 年出入境人数破 50 万［EB/OL］. 云南网，http：//yn. yunnan. cn/html/2014-12/21/content_ 3513740. htm.

③ 天保口岸出入境旅客首次突破 100 万人次［EB/OL］. 新华网，http：//www. yn. xinhuanet. com/zhuanti2/2016wstpgjzxdt/20161125/3549282_ c. html.

④ 金水河口岸 2014 年 1—10 月四项指标运行分析［EB/OL］. 中华人民共和国商务部，http：//www. mofcom. gov. cn/article/difang/yunnan/201411/20141100791861. shtml.

唯一的一条国际性河流。红河是中越旅游理想的水上国际航道，但就目前来看，红河在河口、老街段河道窄，枯水、丰水期水位深浅变动大，丰水期水流过急，枯水期水流量又过少，不适合通航，如果要开辟水上国际航道，还需要进一步论证和规划建设。

（2）滇越国际通道整合

整合涉及两个方面：一是越南和中国云南境内各地到达各个滇越通关口岸的通道建设；二是滇越之间的联合运营通道整合。

整合目前涉及越南河内、岘港、胡志明市和三个边境口岸。与中国实现飞机通航的越南城市有河内、岘港和胡志明市，越南国内主要城市和主要旅游客源地与这三个城市间都有航班通航，能够保证客源的顺利转移，只需要在出游旺季适当增加航班班次就非常理想了。而陆路方面，越南火车南北贯通，河内—胡志明市全程铁路线长 1726 公里，沿途经过顺化等旅游城市均设站点停车。自助旅游的理想交通工具 Open Tour 起止点也是河内和胡志明市，中间经停 Hue（顺化）、Hoi An（会安）、Da Nang（岘港）、NhsTrang（芽庄）、Dalat（大叻）等站，全程票价加税 25~35 美元不等。每个客运公司在各个站点每天都有一班或数班车次，持 Open Tour 巴士车票，中途可以在任何一个城市下车参观游玩，然后找当地的办事处出示自己的车票，确定自己计划离开的时间和所住的旅馆，到时便会有车到旅馆来接你去下一站①。要实现陆路游客的跨国空间转移，还必须加强河内至河口、天保和金水河口岸的公路网和汽车运营公司的开发建设，其中，需主要建设老街河口口岸的交通网络并运营开发，以保证这部分客源的顺利转移。

云南方面目前主要涉及昆明和三个边境口岸。随着国际政治局势的稳定、商贸旅游往来的频繁，与越南实现飞机通航的中国城市将会不断增加。陆路方面，2014 年 12 月 10 日，我国西部铁路建设重点工程、泛亚铁路东线中国段的重要组成部分——云南蒙自到河口铁路正式开通客运，车程约 1.5 小时，每天往返运行两趟。汽车运输方面，车次安排较为有限，河口开通的汽车班

---

① 成竹，陈伟．基于国际旅游合作视角的自助旅游目的地比较研究——以云南和越南为例［J］．广西经济管理干部学院学报，2014（4）：91-98.

次较金水河和天保要多一些，金水河、天保两口岸没有昆明直达的汽车班次，只能从金平、文山两地中转。口岸到云南内部各大旅游区的交通尚未实现全线贯通，经昆明中转耗时过长，极不利于客源的转移和疏散。

另外，滇越目前尚未实现陆路的跨境运营，滇越铁路客运的全线贯通将在很大程度上打破滇越陆路通道的局限性。另外，老街和红河州的交通运输公司的跨境联合经营也势在必行。

综上所述，滇越旅游通道整合主要集中在三个方面：第一，空中通道，整合昆明空港口岸与越南河内和胡志明市的直飞航班；兴建红河机场（正在建设中，预计 2018 年底可投入使用），以保证从河口、金水河口岸进入的国际游客能够顺利疏散至云南各大旅游区。第二，铁路运输通道，以滇越铁路恢复重建为契机，实现铁路通道的整合，开通从昆明至河内的国际旅游专列。第三，公路运输通道，进一步完善滇越自驾旅游线路的各个通关环节，以确保自驾游的顺利畅通。另外，整合滇越国际旅游区域资源，成立滇越跨国公路客运集团，实现汽车客运在中国云南蒙自和越南北部几个大城市之间的跨国运营，同时开通到滇越各口岸的公路运输线路。

4.1.4.3 技术资源整合

资源整合确保了滇越旅游资源的优势，通道整合为国际旅游客源的空间位移提供了保障，接下来要做的是如何将这些资源和通道告知旅游者。因此资源整合机制的最后一个步骤即滇越共建相关的旅游资源信息交流合作和传播平台，将中国云南和越南的旅游资源作为一个区域来进行营销和宣传，这样的平台包括电子商务平台、政府宣传营销平台、纸媒平台等。最直接的方式是实现滇越国际旅游区域旅游网站的相互链接和信息互动，例如在各自网站上开设专门的版块宣传双边的旅游资源及旅游合作情况，共享旅游信息。同时还可利用高科技手段建立客源推荐网络，支持双方的旅游企业利用互联网加强合作，发布旅游精品线路等信息，积极开展网上订购业务。

4.2 品牌共建机制

简单地讲，这里所指的品牌是旅游者对旅游地的旅游资源品质和所包含的服务的认知度的一种高度概括，它代表着旅游地的旅游形象、旅游品质、旅游类型、旅游特色等诸多方面。中国云南和越南均有各自的代表性旅游品牌，这些品牌所涵盖的旅游资源有的是同类型的，有的是完全不同类型的。根据旅游资源整合中“优势互补、优势叠加”的原则，我们将这些品牌下相同或不同类型的旅游资源整合共建，目的是实现以下两个主要目标：一是实现不同类型优势品牌互补，以中国云南和越南各自的优势品牌作为相互吸引客源市场的重要吸引物，促进客源流动，以繁荣滇越国际旅游市场；二是实现同一类型优势品牌叠加，叠加的概念是指“把蛋糕做大”，通过优势品牌的叠加，进一步强化滇越国际旅游区域内的核心品牌，从整体上提升滇越旅游形象，共同扩大旅游市场，努力扩大滇越旅游在东南亚乃至世界范围的品牌影响力。

4.2.1 旅游品牌吸引力调查

为了更好地掌握国际旅游者心目中对滇越国际旅游区域内旅游品牌的认知度和区域内旅游资源对国际旅游者的吸引程度，研究者在问卷调查（详见 3.2.1）中专门针对这两方面的问题做了问卷设计。问卷分别罗列了中国云南境内 8 个热点旅游景区、3 个滇越边境口岸所在县份以及越南境内 11 个热点旅游景区、3 个边境口岸所在城市（见表 4-8），针对调查对象中的 A 类（未到过越南的中国旅游者）、C 类（未到过越南的第三国旅游者）、E 类（未到过云南的越南旅游者）、G 类（未到过中国云南的第三国旅游者），调查其自主选择愿意到每一个旅游景区的意愿程度以测试这些主要旅游景区对国际旅游者的吸引力。初步统计结果如图 4-2、图 4-3、图 4-4、图 4-5 所示。

表 4-8 问卷涉及的滇越主要旅游地

中国云南主要旅游景区		越南主要旅游景区	
名称	特色	名称	特色
昆明	省会城市、历史文化名城，含高原湖泊、喀斯特地貌、气候等综合旅游吸引要素	河内	首都、历史文化名城，含历史遗迹、现代都市等旅游吸引要素
香格里拉	雪山草甸、藏域风情	下龙湾	水上喀斯特风光

续表

中国云南主要旅游景区		越南主要旅游景区	
名称	特色	名称	特色
大理	古城、高原湖泊、白族风情	沙巴	避暑胜地、欧式风情小镇
丽江	古镇、雪山、纳西族风情	顺化	古都、历史文化丰富
西双版纳	热带雨林、野生动植物、傣族风情	会安	古镇、海滨风光
元阳梯田	世界遗产地、梯田风光	岘港	海滨风光
普者黑	喀斯特景观、田园风光	芽庄	海滨风光
腾冲	火山热海、古镇、边贸风情	大叻	风情小镇、避暑胜地、瀑布
—	—	美奈	海滨风光
—	—	胡志明市	第一大城市、法式风情
—	—	富国岛	岛屿、海滨、热带风光
河口县	口岸、边境县份	老街	口岸、边境城市
麻栗坡县	口岸、边境县份	清水河	口岸、边境城市
金平县	口岸、边境县份	莱州	口岸、边境城市

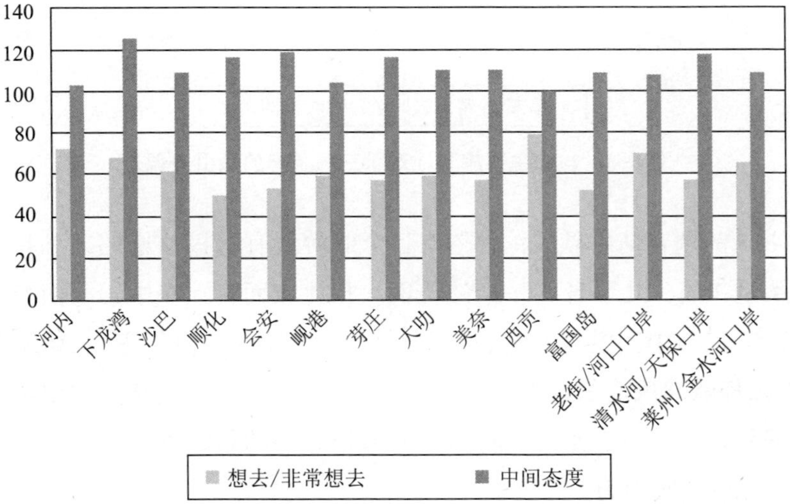

图 4-2　越南主要旅游地对中国游客的吸引力调查

图 4-2 的调查结果显示，对在中国云南参与问卷调查的中国游客（包括

云南本地游客）而言，越南的主要旅游目的地吸引力程度基本相当，西贡和河内略显优势，老街/河口口岸和下龙湾次之，再下来就是沙巴了，绝对多数中国游客并未形成特殊偏好，结果中明显看出持中间态度的人远远超过了对旅游地有积极意愿的人。当然，还可以总结出一些规律：第一，中国游客偏爱都市型旅游目的地，如西贡、河内；第二，中国游客对宣传特别多、名气大的旅游目的地会形成明显倾向性，如下龙湾；第三，中国游客对边境旅游情有独钟，这从三个口岸和沙巴的调查结果中可见一斑。

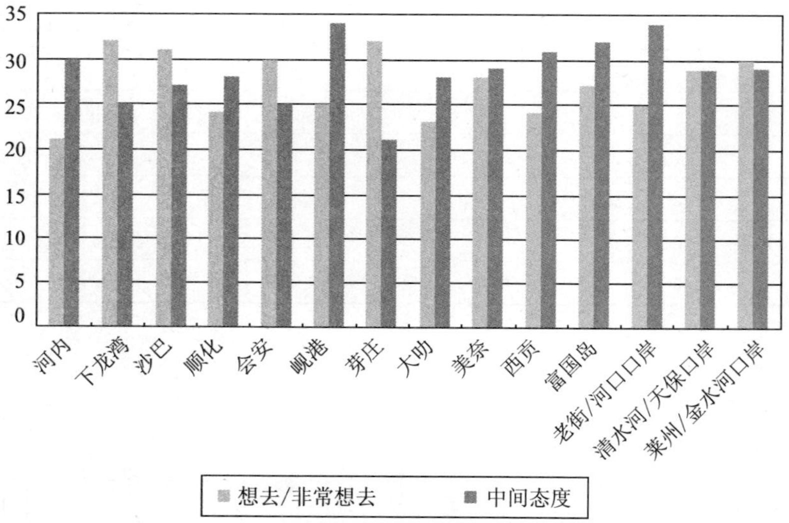

图 4-3　越南主要旅游地对第三国游客的吸引力调查

图 4-3 的调查结果显示，对越南各个旅游地有积极意愿的人和持中间态度的人数量相当，几乎各占一半的份额。相比较而言，在中国云南接受调查的第三国游客与中国游客相比，更偏爱海滨度假地（如芽庄）、休闲度假地（如具有浓郁欧洲风情的避暑旅游地沙巴、古城会安），当然，和中国游客一样，也偏爱名气大的下龙湾，同样令人感到意外的是，边境口岸对第三国游客来说也充满了吸引力。

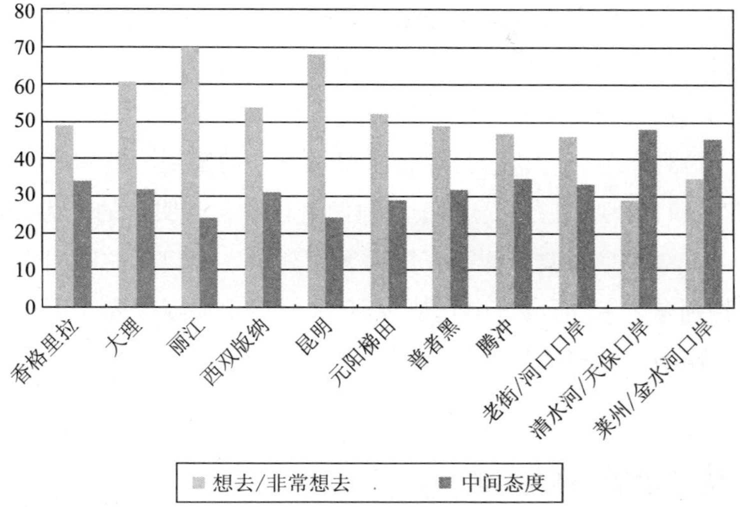

图 4-4　中国云南主要旅游地对越南游客的吸引力调查

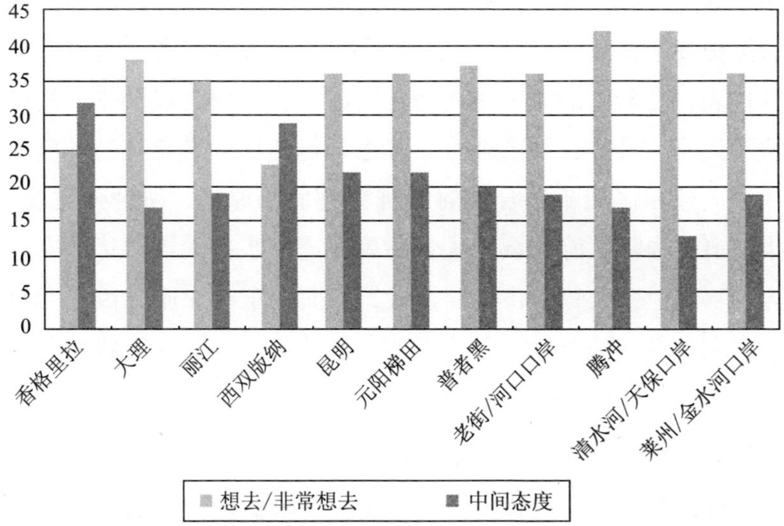

图 4-5　中国云南主要旅游地对第三国游客的吸引力调查

与图 4-2 和图 4-3 相比，图 4-4 和图 4-5 情况有明显的差异：不再是持中间态度的人占一半甚至更多份额，而是持积极态度的人占优，中国云南各旅游地对第三国游客的吸引力差别梯度较其他更明显，因此，更容易识别出越南游客和第三国游客对云南旅游地的旅游偏好。从图 4-4 可以看出，对越南游客而言，丽江和昆明的吸引力远胜于其他旅游地，其次是大理和西双版纳，而离越南最近的云南新兴世界遗产地元阳梯田吸引力仅次于前面四个老牌旅游地，位列第五，香格里拉、普者黑和腾冲的吸引力基本相当，三个口岸中老街/河口口岸吸引力明显强于其他两个口岸，有明显的优势。从图 4-5 中可以看出，对在越南调查的第三国游客而言，三个口岸的吸引力都呈现明显优势，特别是老街/河口口岸和清水河/天保口岸遥遥领先，第二个梯度大理、丽江、昆明、元阳梯田、普者黑、腾冲吸引力相当，香格里拉和西双版纳稍弱。

4.2.2 优势品牌强化机制

从上述分析中可以了解到，中国云南的优势旅游品牌以丽江、大理为代表，资源景观类型为高级别自然资源景观加人文小镇风情，新型的喀斯特旅游地普者黑也逐渐得到认可。越南的优势旅游品牌自然资源类以世界遗产地下龙湾为代表，是典型的海上喀斯特景观，人文风情类以会安、岘港等休闲度假小镇为代表，另外，都市旅游品牌也是越南比较具有特色的吸引物，以西贡为代表。按照区域旅游合作的“优势叠加”原则，所谓强化优势品牌，就是要集中滇越国际旅游区域的优势品牌，进一步扩大资源优势，在品牌现有影响力的基础上造大势，将蛋糕做大，从而在东南亚旅游市场乃至全球旅游市场中大大提高市场份额，向共生的终极状态——一体化共生和对称性互惠共生模式迈进。

4.2.2.1 构建“喀斯特大观”旅游品牌

滇越区域内喀斯特资源景观富集，构建大喀斯特世界遗产景观旅游地具有得天独厚的条件。滇越大喀斯特景观世界遗产旅游地包括四大部分：

一是中国云南石林①。云南喀斯特景观的主要代表是“中国南方喀斯特”世界自然遗产的重要组成部分，也是云南最具吸引力、游客接待量最大的景区之一。石林形成于 2.7 亿年以前，总面积 11 平方公里，是世界上最奇特的

① 百度百科。

喀斯特地貌景观，被誉为“天下第一奇观”“造型地貌天然博物馆”，在世界地学界享有盛誉，于2008年被联合国教科文组织（UNESCO）列入世界自然遗产名录。

二是越南下龙湾①，越南语称 Vinh Ha Long（意为“龙下海之处”），是位于越南东北部广宁省的群岛海湾区，区域位置为东经106°56′~107°37′，北纬20°43′~21°09′，西北面从广宁省的安兴县经下龙市、锦普市延伸到云屯岛县，东南和南面靠近北部湾，西南和西面靠近海防市吉婆岛，离越南首都河内150公里。在世界地图上，下龙湾的北面接近中国，东面接近东海，因风光秀丽迷人而闻名遐迩，景色酷似中国的桂林山水，又有“海上桂林”之美誉。其中，面积为434平方公里的下龙湾中心区，因其景观和地质地貌格外有价值，在1994年和2000年两次被联合国教科文组织（UNESCO）确认为世界自然遗产。景观的典型形式为伸出海面的锯齿状石灰岩柱、洞穴和洞窟。2011年11月12日“世界新八大自然奇观”名单公布，下龙湾榜上有名。

三是峰牙—己榜国家公园②。位于越南广平省布泽县和明化县境内的石灰岩山区，距离首都河内约500公里，西部与老挝 Hin Namno 生态多样性保护区相邻。峰牙—己榜国家公园占地面积为2000平方公里，中心区面积为857.54平方公里，缓冲区面积1954平方公里，区域内包括300个洞穴，是迄今为止世界上最大的两个岩溶地貌之一，于2003年6月5日在第27届世界遗产大会上被联合国教科文组织评为世界自然遗产。

四是文山普者黑景区③。位于中国云南省与越南交界的文山壮族苗族自治州丘北县境内，是国家级风景名胜区和国家AAAA级旅游景区。景区总面积388平方公里，核心景区165平方公里，属于滇东南岩溶区，是发育典型的喀斯特岩溶地貌，以“水上田园、湖泊峰林、彝家水乡、岩溶湿地、荷花世界、候鸟天堂”六大景观著称，景区内265个景点各有千秋，312座孤峰星罗棋布，83个溶洞千姿百态，54个湖泊相连贯通，2万亩水面清澈透明，13公里大峡谷雄险壮观，3公里茶马古道神秘古朴，4万亩高原喀斯特湿地让人叹为观止，浩荡的万亩荷花堪称一绝。这里虽然不是世界遗产景观，却以其

①②③ 百度百科。

秀丽柔美的风格在滇越大喀斯特旅游地中独具一格，不可或缺。

在对没有到过中国云南或越南的旅游者的问卷调查中显示，调查人群中想去越南下龙湾、中国云南昆明和文山普者黑景区的意愿程度均值分别为3.25、3.55、3.49，均属于“愿意去”的范畴。

4.2.2.2 构建“东方风情古镇”旅游品牌

滇越区域内人气最旺、最具吸引力的品牌非古城镇莫属，古城镇以及古城镇特有的民族风情和地域文化最能够让游客产生心灵碰撞、流连忘返。滇越东方魅力名镇包括三大要素景观：

一是以大理、丽江、香格里拉为代表的滇西北精华古镇聚集区。现存的大理古城①是在明朝初年阳苴咩城的基础上恢复的，至今已有1200多年的建造历史。古城呈方形，开四门，上建城楼，下有卫城，整个城市呈棋盘式布局，素有九街十八巷之称。城内由南到北，一条大街横贯其中，深街幽巷，由西到东纵横交错，全城清一色的青瓦屋面，鹅卵石堆砌的墙壁，尤为古朴、别致、优雅。城东临洱海，西倚苍山，形成了“一水绕苍山，苍山抱古城”的城市格局。城内世代居住着云南特有的少数民族白族。丽江古城又名“大研古镇”，坐落在丽江坝子中部，玉龙雪山脚下，于1997年被联合国教科文组织列入世界文化遗产名录，以其悠久的历史和灿烂的纳西族文化闻名于世。香格里拉独克宗古城位于香格里拉县城东南隅，传说是按照佛经中的香巴拉理想国建造而成的，藏语意为“月光之城”，古城依山而建，以石板铺路，路面起伏，并嵌有当年茶马古道上马帮深深的马蹄印。独克宗古城是云南藏文化的代表建筑，遗憾的是古城于2014年1月11日在大火中毁于一旦，如今只有遗址尚存。

二是以西南边疆汉文化为代表的“中国第一魅力名镇”腾冲和顺古镇。坐落于滇西腾冲县境内，是典型的汉族古镇，因其封闭、传统、安定的环境，完整地保留了中国明清汉族文化的特色，被誉为中国古代建筑的活化石。和顺古镇历经600多年沧桑巨变，保存了1000多座汉族传统民居。2003年，和顺被《中国国家地理》《时尚旅游》等联合推荐为“人一生要去的50个地

① 百度百科。

方”之一；2005年，央视中国魅力名镇评选中，和顺以独特的六大魅力——面向南亚的第一镇，火山环抱的休闲胜地，汉文化与南亚文化、西方文化交融的窗口，大马帮驮来的翡翠之乡，西南丝绸古道上最大侨乡，六千居民和谐生活的古镇景区等特色，摘取了全国十大魅力名镇之首的桂冠。

三是以三朝古都和著名港口为代表的越南顺化古都和会安古镇。顺化是越南的三朝古都，位于越南中部，北距河内654公里，南距胡志明市1071公里，西靠长山山脉，东距海8公里，面积150平方公里，人口约34万（2000年），蜿蜒清澈的香江穿城而过，将城市分为南北两区。顺化古建筑群曾在1885年中法战争、1947年第一次印度支那战争和1968年越南战争中受到严重破坏，后经修缮和保护，于1993年被联合国教科文组织列入世界文化遗产名录。《美国国家地理》杂志曾将岘港至顺化一带评为“一生中必须看一次的50个地方”之一。会安古镇属广南省，距岘港市区约30公里，曾是历史上著名的东方大港，迄今已有1500多年的历史。会安城中中国式建筑到处可见，而且保存得很完整，另外也有为数不少的法式古典建筑和庭院式建筑群，于1999年被联合国教科文组织列入世界文化遗产名录。

在对没有到过中国云南或越南的旅游者的问卷调查中显示，调查人群中想去中国云南丽江、大理、腾冲景区的意愿程度分别为3.4、3.5、3.52，想去越南会安古镇和顺化古都的意愿程度分别为3.24和3.23，均属于“愿意去”的范畴。

4.2.2.3 线路整合

强化滇越国际旅游区的优势品牌，目的在于借助共有的优势资源和高知名度品牌，进行优势叠加，大幅度提高滇越旅游区的市场占有率，向一体化共生和互惠共生的模式发展。

“喀斯特大观”旅游品牌包括陆上喀斯特景观石林、山水田园喀斯特景观普者黑、海上喀斯特景观下龙湾，以及地下溶洞喀斯特景观峰牙—己榜国家公园，将四种典型的喀斯特地貌同期展现，形成特有的景观吸引力。在旅游线路优化方面设计如下：

跨境长线：石林—普者黑—下龙湾—峰牙—己榜国家公园；

跨境短线：普者黑—下龙湾；

境内短线：石林—普者黑，下龙湾—峰牙—己榜国家公园。

“东方风情古镇”旅游品牌包括大理、丽江、香格里拉、和顺、顺化、会安等六座文化内涵各不相同、自然资源各具特色的古镇古城。旅游线路优化方面设计如下：

跨境长线：大理—丽江—香格里拉—和顺—顺化—会安；

跨境短线：大理—丽江—顺化—会安；

境内短线：大理—丽江—香格里拉—和顺，顺化—会安。

当然，也可以在两大品牌的基础上组合不同的特色旅游线路，如侨乡文化体验之旅：“腾冲—会安”线；古都文化体验之旅：“大理—顺化”线；风情小镇体验之旅：“丽江—会安”线；等等。

4.2.3 特有品牌提升机制

中国云南和越南由于地理纬度、海拔等地理因素的差异，造就了旅游资源禀赋上的差异性，使得中国云南和越南都各自拥有对方所没有的优势旅游资源景观，形成了特有的品牌。对于地处亚热带、热带地区的越南来说，中国云南拥有的低纬度雪山峡谷景观是最具吸引力的旅游品牌，而越南所拥有的 3260 公里的海岸线旅游资源恰恰又是中国云南最缺乏的景观资源之一，这正是提升滇越特有品牌的意义所在。

4.2.3.1 滇越特有品牌概述

中国云南位于中国最西南方，地理坐标为北纬 21°13′~29°25′、东经 97°52′~106°18′，南北纵距 990 公里，东西横跨 865 公里，北回归线从南部横穿而过。云南与缅甸、越南、老挝接壤，国境线长 4060 公里，没有海岸线。从南到北形成了北热带、南亚热带、中亚热带、暖温带、中温带和高原气候等 7 个温度带气候类型。在此基础上，云南滇西北一带形成了北半球纬度最低的雪山群，最著名的有玉龙雪山、哈巴雪山、碧罗雪山、白马雪山、梅里雪山、点苍山、高黎贡山等，可开展观光、登山、探秘、度假等旅游互动，是著名的雪山旅游胜地。

越南位于中南半岛东部，地理坐标为北纬 8°10′~23°24′、东经 102°09′~109°30′，南北长 1600 公里，东西最窄处为 50 公里，拥有 3260 多公里海岸线。在越南东部这3000多公里的海岸线上分布着海防、岘港、归仁、芽庄、藩切等著名海滨城市，不仅景色宜人，且休闲度假氛围好，加上未完全开发的、位于泰国湾内的越南第一大岛富国岛，是距离中国云南最近的海滨旅游资源。随着昆明至岘港的直航开通，已经有大量的昆明本地人认识到了越南海滨城市的旅游价值所在。同时，现阶段已经开通的丽星邮轮三天两晚的三亚—岘港游也为中国游客带来了认识越南海滨的契机。如果能够借助时下最时尚的邮轮旅游方式增强越南海滨旅游品牌对中国和东南亚国家的吸引力，将是滇越国际旅游合作蓝图中最成功的一笔。

4.2.3.2　多渠道营销提升知名度

就概述中分析的情况看，中国云南和越南的特色品牌多半与所依托的旅游景区的其他类型旅游资源相交织，游客们并不是很能从这些资源中清晰地认识到雪山品牌和海滨品牌的价值所在。多渠道营销的目的就是要借助各种现代化工具、多层次营销手段，提高滇越特有品牌旅游营销的效率和效果，提高品牌的知名度和影响力。中国云南的雪山群和越南海滨度假旅游品牌其实并不为对方旅游市场所熟悉，这一现状从问卷调查中已经反映出来：在所进行的问卷调查中，无论是未到过越南的中国云南及其他省份的游客，还是未到过中国云南的越南游客，对云南的滇西北雪山旅游品牌认知度都很低，大部分人可能听过丽江、香格里拉，但更多的是知道丽江古城和香格里拉藏族风情、高山草甸高原湖泊景观；而在云南的中国游客也很少会选择越南的海滨城市作为海滨度假的旅游目的地，而更多的是选择知名度、美誉度更高的泰国海滨。同时，在被调查的人群当中还有较大比例的游客对我们罗列出的滇越著名旅游目的地没有做出任何选择，看不出旅游偏好，问及原因，大多回答“都不太了解”，这部分游客大概占了总调查人数的19%。这一调查结果充分表明被调查者对问卷所提供选择的知名旅游目的地缺乏认知，更有甚者，几乎不知道中国云南或越南有这样一些地方。因此，对中国云南和越南的旅游品牌，特别是优势品牌和特有品牌的营销迫在眉睫。诸如以“冰雪度假”“冰川探秘”“北部湾邮轮度假”“风情海滨小镇旅游”等为主题的营销活动是提升特有旅游品牌的切入点，通过营销改变越南游客赴欧洲雪山胜地度假和中国云南游客渴望加勒比海、地中海邮轮旅游的观念，大大降低出游的经济成本和时间成本，促成滇越旅游国际区域旅游连续共生和互惠共生模式的形成。

4.2.3.3 规范化管理提升美誉度

一个旅游品牌的美誉度来自游客对该旅游品牌的信任程度和认可程度。云南雪山旅游品牌和越南海滨旅游品牌虽然资源品位高，差异性大，但由于目前尚未作为专门的旅游产品或线路进行推广，因此在建设水平和管理水平上与优势品牌相比还有很大差距，有必要对这两大特有品牌进行美誉度提升。这主要通过规范化管理来实现，可从三个方面入手：首先，提高品牌中各独立资源之间的组合度，突出旅游产品的特色性和丰富性。两大特色品牌中包含同类型的一系列旅游资源，即喀斯特景观和古镇景观，它们之间在地理分布上有一定的距离，必须通过产品的组合设计、交通工具的配套服务才能够实现。其次，两大特有品牌的配套服务要具有针对性。因为这两大品牌的主体旅游客源锁定为中国云南旅游市场和越南旅游市场，在住宿、餐饮、标牌解译系统、导游服务等配套设施方面要充分考虑游客生活习惯和消费习惯的差异，让服务更能够有效地针对主体旅游客源市场。最后，建立一套便捷且行之有效的游客意见反馈体系，及时了解旅游主体对特有品牌下所有旅游产品的意见、建议和相关诉求，不断改进提高，满足游客新的旅游需求。

4.2.4 小众品牌维护机制

近年来较为风靡的一些特种旅游活动的开展往往是依托了某项运动或爱好而形成的，由于参与人数越来越多，组织者越来越专业，关注度越来越高，而与之相关的旅游资源的建设与开发也越来越受到关注和重视，从而形成了一系列小众旅游品牌。小众品牌虽喜爱人群有限，但是当中却蕴含着极大的价值，可以为旅游地带来稳定的客源和良好的口碑，同时也是对旅游地极好的高品质宣传营销。

4.2.4.1 滇越小众品牌概述

一是依托优美的自然风光形成的徒步旅游品牌，以跨越中国云南丽江、香格里拉的虎跳峡徒步路线和越南沙巴徒步线路为代表。虎跳峡是世界上最深的峡谷之一。虎跳峡徒步线路被誉为徒步者最喜欢的八条徒步路线之一，每年都吸引着国内外众多的徒步旅游者前来挑战，是一条名副其实的国际徒步线路。与中国云南比邻的越南老街省的沙巴镇是一个别具欧式风情的山地小城，它是越南最冷的地方，海拔1600多米，是越南海拔最高的县城，也因此成为越南著名的避暑胜地。在这里常年居住着众多的欧洲游客，随便选一条线路徒步去看瀑布、梯田、森林等自然景观，或造访少数民族村落是他们非常热衷和喜爱的事情，这里的徒步线路可长可短，随意性强，深受国际游客青睐。

二是风筝冲浪者的天堂——美奈。美奈（Mui Ne）是位于越南东南部平顺省美奈半岛上的一个渔村小镇，距离胡志明市东北约200千米，离藩切市（Phan Thiet）约22千米。这里有长约50千米的绵长海滩，椰风海浪，水清沙幼，是越南南部不可不去的海滩之一。这里年平均气温27°C，由于海面拥有稳定而强大的风力以及晴朗的天气条件，这里很早就与风筝冲浪（kitesurfing）这一项借助充气风筝、脚踩冲浪板完成一系列惊险、刺激动作的水上运动结下了不解之缘，每年都吸引着众多的风筝冲浪运动爱好者慕名而来，翱翔在海天之间。因此，美奈也成为风筝冲浪的代名词。

三是摄影爱好者的乐园——元阳梯田。元阳梯田位于云南省元阳县的哀牢山南部，是哈尼族人世世代代留下的杰作。元阳梯田规模宏大，气势磅礴，绵延整个红河南岸，仅元阳县境内就有17万亩梯田，是红河哈尼梯田的核心区，于2013年被联合国教科文组织列入世界自然遗产名录。元阳梯田以其变化万千的光影色彩，气吞山河的风云际会，很早以前就成为摄影爱好者特别钟情的地方，为了拍摄不同季节、不同时辰的美景，几乎每一个拍摄过元阳梯田的摄影家都来过元阳无数次。中国和亚洲很多其他国家的摄影爱好者每年都会专门组团前往元阳拍摄梯田，将每一个让人惊讶的画面记录下来。

4.2.4.2 特种旅游设施维护

小众品牌的旅游活动内容属特种旅游范畴，其顺利开展需要依赖特种旅游设施的配套服务，例如器具租用和维护，特殊基础设施的搭建，安全知识的普及和紧急救援机制的构建，等等。基于此，对目前滇越国际旅游区域所涉及的徒步线路、风筝冲浪运动、摄影等小众品牌的特种旅游设施维护就显得尤为突出和重要。必须在这些方面加大投入力度，同时引进相关专业人才进行合理的辅助和必要的指导。

4.2.4.3 特种旅游客源维护

虽然是小众，却是滇越旅游中不可或缺的亮点，因此需要在维护特种旅游客源方面下功夫。具体的措施包括组织各类赛事、举办相关展览，吸引媒体关注小众品牌，增强吸引力和旅游商业价值。比如仿照国内举办得如火如荼的“玄奘之路国际商学院戈壁挑战赛”，定期举办“虎跳峡国际徒步邀请赛”“美奈世界风筝冲浪观摩赛”“元阳梯田摄影挑战赛”等，甚至可以围绕徒步、冲浪、摄影活动，挖掘与之相关但又不是活动本身的特种主题活动，如求生技能、救援技能、特殊摄影技能展示，摄影姿势大比拼等另类主题活动，通过这样的方式维系稳定的特种旅游客源市场，持续不断地提升滇越国际旅游区域小众品牌的知名度，扩大小众品牌的附加值。

4.2.4.4 边境旅游客源维护

由于滇越国际旅游区域内语言、饮食、习俗等文化均不一样，存在异国文化差异。对具有差异性的异国文化的兴趣也是吸引滇越国际旅游区域内居民互游互访的重要因素。在问卷设计阶段，我们选了河口县（中国）和老街（越南）、麻栗坡县（中国）和清水河（越南）、金平县（中国）和莱州（越南）三组中越边境口岸城市作为调查选项的一部分，问卷调查结果显示，越南居民想到与越南接壤的中国云南边境口岸城市河口县、麻栗坡县、金平县领略异国风情的程度分别为3.46、3.27、3.39，属于“愿意去”的中度范畴。与此同时，云南居民想到与中国云南接壤的越南边境口岸城市老街、清水河、莱州感受越南文化的程度分别为3.09、3.02、3.11，属于“愿意去”的中偏低度范畴。为了维持和稳定边境客源，加大边境城市间的相互交流和了解，建议简化边境通关手续；在边境城市开发具有本国文化特色的旅游项目和服务，如特色餐饮、少数民族文化风情展示；完善边境城市旅游基础设施，如汽车租赁服务；在进一步规范安全的基础上积极开展边境一日游活动，为中越两国游客创造一个快速便捷的体验异国文化与风情的渠道，也为更深入的旅游活动的开展创造契机。

4.3 利益均衡机制

共生的理想模式是对称性互惠共生和一体化共生，这表明共生单元之间如果不能够建立均衡合理的利益均衡机制，就无法实现对称互惠和一体化的目标，因此，在滇越旅游合作中，利益均衡机制是核心内容之一。

滇越区域旅游的利益均衡机制是指通过整合滇越国际旅游区域内旅游业发展的各项要素，在中国云南和越南旅游政策的指导下，通过规范国际旅游管理制度来实现国家与国家、地区与地区之间的利益转移，从而实现区域旅游利益在合作成员之间的合理分配。这种机制应强调各合作成员在平等、互利、协作的基础上既竞争又合作，并在此基础上实现各合作成员共同分享区域旅游利益。各合作成员在共同发展区域旅游业的前提下，通过协商制定利益分享机制，以实现区域旅游利益在各合作成员之间的合理分配，为区域旅游业的健康发展提供保证①。

要保证利益的均衡，需要解决三个层次的问题：其一，利益补偿。目的是改变寄生和偏利共生的状况，拓展点共生和间歇性共生的空间延伸，在双边合作的过程中解决你赢我损或你赢我不赢的问题。其二，利益协调。目的是改变偏利共生和非对称性互惠共生的状况，使点共生和间歇共生逐渐向连续共生的行为模式发展，处理利益不均衡，即你多我少的问题。其三，利益共赢。这是利益均衡的终极目标，通过竞合拓展双边国际旅游市场，充分扩大和提升国际旅游业的效益空间，促进所有的共生组织模式，即寄生、偏利共生、非对称性互惠共生向对称性互惠共生方向发展，促进所有的共生行为模式，即点共生、间歇共生、连续共生向一体化共生方向发展，最终实现双边共赢。

4.3.1 利益补偿

利益补偿的目的是改变寄生和偏利共生的状况，解决你赢我损，或者你赢我不赢的问题。在滇越旅游实践活动中，各个参与旅游活动全过程的利益

① 郭寻，吴忠军．区域旅游发展中政府合作的制度障碍及对策思考［J］．人文地理，2006（1）：106-109.

相关者由于各自代表不同的群体，往往具有不同的目的、扮演不同的角色，并且由于在有限资源分配中的利益驱动性，使各个群体目标之间存在一定的冲突和矛盾，需要进行协调和交易，同时又彼此相互依赖，导致旅游活动实践面临着越来越多的矛盾和冲突，甚至在很多地区正在毁灭着旅游活动赖以生存和发展的本底资源。这是一种旅游活动中较为典型的寄生关系，这种关系最主要的特征是对抗，表现为一方的旅游活动以另一方的资源为基础，而旅游活动的开展对后一方（资源方）造成了或大或小的危害。目前对于上述旅游活动中的这种寄生现象和行为的处理方式仅局限于道德和伦理层面的呼吁或谴责，这是远远不够的，无法解决寄生本身的问题。旅游活动中还存在另一种共生关系，称为偏利共生，即旅游活动一方基于另一方的资源和条件而获得利益，但提供资源和条件的一方却并没有从旅游活动中获得任何益处，与寄生不同的是，提供资源和条件的一方也没有获得任何害处，只是带动对方去获取利益。这种共生关系相对于寄生而言要更和谐一些，但仍然不是理想的共生模式。因此，必须在滇越旅游活动的各利益相关者之间建立一种机制，在公平的参与和分配无法实现的条件下，对利益遭受到侵害或者未获益的一方进行补偿。

利益补偿就是为未获得利益的一方提供利益，提供利益的途径和方式包括以下两个层面：

一是外部补偿，即依靠外部获得补偿。比如，从政府的各级层面、NGO组织、银行或基金公司、公益组织等方面获得利益补偿，如资源补偿，扩大受损方或不获益方资源的规模，或者提升资源的品质；经济补偿，以直接获得经济利益的形式实现补偿；文化补偿，通过承诺并辅于相应的行动保护其原始文化、宗教信仰、民族手工艺等传统文化。

二是自我补偿。补偿不是借助外力，而是通过自己主动、积极地寻找和参与到旅游活动中，变受损或者不获益为因为主动参与而获益。如参与就业、参与投资、参与管理等。

我们认为，只要利益补偿能够实现，寄生关系和偏利共生关系就必然会被打破，从而建立滇越旅游活动区域内各利益相关者新的平衡关系，促使共生的组织模式朝着更高一级的方向发展。这一目标的实现同时也能够拓展共生的行为模式从点共生和间歇性共生向连续共生和一体化共生方向延伸。

4.3.2 利益协调

利益协调的目的是改变非对称性互惠共生、间歇性共生的状况，解决你多我少的问题。所谓互惠，就是彼此都能够从对方获得利益。在滇越旅游活动开展的过程中，所有的利益相关者通常都会面临两难选择：当地居民面临着参与市场经济和保持文化生存的双重任务，旅游企业既要获取经济利益更要承担社会责任，旅游者满足自身需求和愿望的同时必须接受一定的行为约束，当地政府则既要保证对环境的保护也要实现税收。各个利益相关者如果只追求自己的利益，都想实现个人最优，在这种利益博弈下，就会导致“非对称性互惠”或者“间歇性”共生情况的出现，影响双边利益均衡，从而阻碍对称性互惠共生和连续共生的实现。建立利益协调机制，就是要引导滇越旅游活动参与各方通过相互博弈、交易、利益让渡或者合作的形式实现集体最优，从而在共生组织模式上实现对称性互惠共生，在共生行为模式上实现连续共生，只有各个利益相关者的目标同时实现，滇越旅游活动才能达到最佳的可持续发展状态。

利益协调就是为参与旅游活动的各利益相关方提供化解矛盾的方法。利益协调机制是指在共享机制的基础之上，通常可以通过签订共生契约或成立专门的协调机构，以分工、分配、调动和共同建设等方式来保证资源的利用效率以及合作的顺利进行。共生契约是共生单元为防止合作一方的机会主义行为而签订的具有限制性、排他性、约束力的协议，要求共生单元按照共生契约来明确各方面的责、权、利，正确处理利益与风险的关系，形成利益共享、风险共担的信任关系，这是共生公正、合理的保障。同时，在整个旅游活动过程当中，由于所涉及的共生单元的性质及其所处的共生环境随时处于变化当中，需要在保持共生理念的同时，根据外部共生环境的变化来不断修改契约，解决共生合作中的时时可能变化的问题。利益协调在现阶段滇越旅游共生的环境下，主要还得依靠政府及行业组织才能得以实现。

4.3.3 利益共赢

竞合的目的是实现共赢，共生的目的也是实现共赢。利益共赢机制主要解决合作双方能不能共同提升获利空间，在利益补偿和利益协调的基础上，实现对称互惠和一体化的问题。在滇越旅游共生系统中，各旅游利益相关方资源禀赋的差异性是双方进行合作的原动力，而共同收益则来源于双方互补性资源的共享，这种共享构成了滇越旅游共生单元之间的基本关系。通过旅游资源共享、交通设施共享、旅游基础设施共享、环境共享等，力图获得成本优势，并通过一体化管控形成“规模经济”来减少资源浪费，降低中国云南和越南之间的国际旅游开发成本；通过品牌形象共享、旅游宣传共享、销售渠道共享，以增强整体品牌实力，减少对外促销的费用；通过信息共享、网络共享、人才培训共享，以增进交流和增强相互之间的了解、信任和合作的程度，减少额外成本的投入；通过以上共享，最终实现滇越国际旅游合作的结盟效应，在有限的市场范围内极大地整合资源，极大地提高国际旅游市场份额。这不是中国云南和越南之间的竞争，而是以一体化共生的行为模式在全球范围内最大化地争夺国际旅游客源。只有在这样的情况下才有可能真正实现对称性互惠共生。

实现滇越旅游的利益共赢，充分发挥结盟效应，极大地占有国际旅游市场，主要有两条途径：

第一，共享第三国旅游客源市场。问卷调查结果显示，在越南地区参与调查的 110 名第三国游客（除中国和越南之外的国际游客）中，没有到过云南，且有强烈意愿（十分想去）、积极意愿（想去）、一般意愿会到云南旅游的游客分别是 10 人、42 人、18 人，分别占总数的 9.1%、38.2%、16.4%。在调查到过中国云南旅游的第三国游客时，收回问卷为 0 份，充分表明在越南旅游的第三国游客中，没有到过中国云南的游客占了极高的比例。在中国云南范围内参与调查的 75 名第三国游客（除中国和越南之外的国际游客）中，没有到过越南，且有强烈意愿（十分想去）、积极意愿（想去）、一般意愿会到越南旅游的游客分别是 4 人、33 人、23 人，分别占总数的 5.3%、44%、30.7%。在到过越南旅游的 18 名第三国游客中，非常肯定（5）、肯定（4）、一般（3）想重游越南的国际旅游者分别有 5 人、2 人、7 人，分别占总数的 27.8%、11.1%、38.9%。如表 4-9 所示。

表 4-9 滇越国际旅游区域第三国旅游者旅游意愿和重游意愿调查

旅游状态	前往意愿				重游意愿			
	十分想去	想去	一般	占比（%）	非常肯定	肯定	一般	占比（%）
到过越南	—	—	—	—	5 人	2 人	7 人	77.8
没到过越南	4 人	33 人	23 人	80.0	—	—	—	—
到过中国云南	—	—	—	—	—	—	—	—
没到过中国云南	10 人	42 人	18 人	63.7	—	—	—	—

第二，互享邻国旅游客源市场。问卷调查结果显示，在越南地区参与调查的 103 名越南游客中，没有到过中国云南，且有强烈意愿（十分想去）、积极意愿（想去）、一般意愿会到中国云南旅游的游客分别是 21 人、43 人、30 人，分别占总数的 20.4%、41.7%、29.1%。在到过中国云南旅游的 59 名越南游客中，非常肯定（5）、肯定（4）、一般（3）想重游中国云南的旅游者分别有 8 人、18 人、28 人，分别占总数的 13.6%、30.5%、47.5%。在中国云南范围内参与调查的 270 名中国游客中，没有到过越南，且有强烈意愿（十分想去）、积极意愿（想去）、一般意愿会到越南旅游的游客分别是 10 人、45 人、101 人，分别占总数的 3.7%、16.7%、37.4%。在到过越南旅游的 16 名中国游客中，非常肯定（5）、肯定（4）、一般（3）想重游越南的旅游者分别有 3 人、2 人、5 人，分别占总数的 18.8%、12.5%、31.3%。如表 4-10 所示。

表 4-10 中越两国潜在旅游市场旅游意愿和重游意愿调查

旅游状态	前往意愿				重游意愿			
	十分想去	想去	一般	占比（%）	非常肯定	肯定	一般	占比（%）
到过越南	—	—	—	—	3 人	2 人	5 人	62.6
没到过越南	10 人	45 人	101 人	57.8	—	—	—	—
到过中国云南	—	—	—	—	8 人	18 人	28 人	91.6
没到过中国云南	21 人	43 人	30 人	91.2	—	—	—	—

4.4 决策共商机制

1985年6月，德国、法国等五国在卢森堡边境小镇申根签署了《关于逐步取消共同边界检查》的协定，又称《申根协定》（*Schengen Agreement*）①。其主要内容包括三个方面：第一，在协定签字国之间不再对公民进行边境检查；第二，外国人一旦获准进入“申根领土”内，即可在协定签字国领土上自由通行；第三，设立警察合作与司法互助的制度，建立申根电脑系统，建立有关各类非法活动分子情况的共用档案库②。截至2011年，申根成员国共有26个，包括法国、德国、荷兰、西班牙、葡萄牙、意大利、希腊等欧洲大部分国家和地区③。这是国际旅游合作一体化的一次成功尝试，从此以后，《申根协定》带领申根国家将旅游业全面推向了一个新的高潮，也为全球旅游一体化的研究提供了一个参照案例。

欧盟旅游业合作的成功经验表明：区域经济一体化高的地方，区域旅游的合作更容易实现一体化。区域经济一体化的发达程度可以从以下几个方面体现出来，如市场经济的发达程度、法制经济的完善程度、区域经济合作的成熟程度，市场经济越发达、法制经济越完善、区域经济合作越成熟，那么区域旅游合作的内容也就越广泛，形式也越完备。为了促成经济一体化，欧盟各国为此付出了巨大的努力，成功地消除了阻碍国际旅游发展的各项壁垒，实现了商品、人员、资本和服务四大流通，这一功劳最终要归结于欧盟和申根各成员国之间的决策共商。

中国和越南同属于发展中国家，而本书所研究的云南与越南的大部分地区都属于发展中国家的经济欠发达地区，一体化共生的条件并不成熟，为了促成区域旅游合作的一体化共生机制，我们需要从逐步完善各级政策入手，建立一系列专门的滇越国际旅游区域旅游事务咨询、合作、管理、监督机构，完善旅游政策的讨论、研究、制定和执行制度，以此实现滇越区域内国际旅游合作的突破。

---

①②③ 百度百科。

4.4.1 决策主体

所谓一体化是指多个原来相互独立的主权实体通过某种方式逐步结合成为一个单一实体的过程①。各自为政是区域旅游一体化的最大障碍。因此，要实现滇越国际旅游区域的全面合作，实现真正意义上的“跨界治理”，最终实现一体化共生的目标，首先要解决决策主体的问题，即在该区域国际旅游合作中，由谁来做出旅游合作各项相关问题的决策。

4.4.1.1 跨区域旅游管理委员会

在中国国家旅游局和越南国家旅游局的领导下，成立滇越国际旅游区跨区域旅游管理委员会。该机构由中国云南省旅游管理委员会和越南方面重点合作的省级旅游局共同组成，越南方面主要涉及地区有：河内市、岘港市、广宁省（下龙湾）、老街省（沙巴）、平治天省（顺化）、广南省（会安）、兴和省（芽庄）、平顺省（美奈）、林同省（大叻）、莱州省（口岸）、河江省（口岸）等。委员会作为滇越国际旅游合作的最高决策机构，负责整个区域内合作层面上的政治、经济、文化、法律等方面的相关事宜协调，以及旅游合作各个方面的大方向决策，通过决策的方式打通滇越国际旅游合作的各个障碍环节，主要包括中越两国的边境问题、关税问题、贸易壁垒问题（特别是非关税的壁垒问题）、安全保障问题、人口流动问题、资金流动问题等，真正实现合作区域内商品、人员、资本、服务四大经济要素的顺利流通，促进区域内国际旅游市场一体化的形成。

4.4.1.2 旅游企业联盟

国家旅游职能部门并非滇越国际旅游区域合作的主体单位，只是为合作提供政策和法制等各方面保障的机构，而区域内合作的真正主体是滇越国际旅游区域内的所有旅游企业。因此，必须成立以区域内旅游企业为主体的旅游企业联盟。这是滇越国际旅游合作的二级决策机构，这一机构必须由中国云南和越南所有参与国际旅游活动的企业及其代表共同组成，对如何贯彻实施滇越国际旅游区域的相关政策、决议进行商讨，制定实现国际旅游合作目

① 百度百科。

标的具体方案，并组织实施过程。这一决策主体是滇越国际旅游合作是否能够真正推进、实现预期目标的关键，包括前面所提及的资源整合、品牌共建、利益共享等相关战略目标的具体实施都取决于这一层的决策。

为了保证决策顺利进行，要对区域内旅游企业进行细分，将所有旅游企业细分为若干个子联盟。划分需遵循几个原则：一是按经营的业务范围或参与旅游活动的领域不同划分；二是按企业的规模和实力划分；三是保证每个子联盟都有相当数量的双边旅游企业共同参与。遵循以上原则的理由在于需要在旅游各个环节和要素上实现点共生，这种点共生必须以相同业务和级别的企业结盟为依托，如果业务不一致，或者规模和实力悬殊太大，都会导致合作共生出现寄生、偏利共生的局面，很难实现预期的非对称性互惠共生和理想状态的对称性互惠共生。

4.4.1.3 社区

对于每一个旅游区域而言，社区居民是最大的利益相关者，也是最容易被忽略的利益相关者，在滇越国际旅游合作区域也不例外。因此，为了确保对称性互惠共生和一体化共生理想状态的实现，必须将旅游区域内的社区居民纳入工商决策的体系中来。旅游区域内社区居民参与决策必须遵循几个原则：第一，为了避免信息不对称造成的冲突和矛盾，必须要确保决策前将所涉及的关于旅游合作的各方面信息通过恰当的渠道传递给社区居民，包括有利的方面和不利的方面；第二，不仅要对是否合作进行决策，还要对如何合作进行决策，即不仅要保证有参与旅游合作的意愿，还必须保证有参与旅游合作的切实方法；第三，要有关于旅游合作的相关信息的实时反馈机制，建立常规决策共商的平台。

4.4.2 决策通道

确定了决策主体之后，需要有持续有效的决策平台或者决策通道确保决策能够按时、按期顺利进行，这就要依靠决策通道来保证。借鉴欧盟旅游一体化发展的经验，结合当前亚太地区和滇越国际旅游区域的实际情况，建议建立如下决策通道进行滇越国际旅游决策：

4.4.2.1 旅游局联盟会议

滇越旅游局联盟会议的主要任务是确定滇越国际旅游区域的各项相关政策、发展方向和目标，包括：第一，确定滇越国际旅游区域的合作机构、对外关系、相关产业政策；第二，确定统一的发展纲领、发展目标和发展战略规划；第三，确定统一的区域旅游主题形象、对外宣传口号；第四，确定区域内旅游产品开发导向，行业服务标准和规范；第五，确定区域旅游合作的保障系统，包括各类财政基金支持、促进滇越国际旅游信息化建设的相关信息网络服务保障；第六，制定统一的滇越国际旅游区域各项旅游指标统计体系和行业评价标准，设立相应的评价机构；第七，定期组织对区域旅游市场进行调查研究，就当前滇越国际旅游区域存在的问题提出解决的方案。

滇越旅游局联盟会议建议每年举行一次，可以分为咨询会议、调研会议、协调会议等。

4.4.2.2 大湄公河次区域旅游峰会

中国和越南作为大湄公河次区域的重要成员国，同时也是东盟重要的旅游贸易伙伴，在东南亚旅游格局中占有重要的地位，为了保证决策具有高瞻远瞩的视角，从全球化的战略高度来规划滇越国际旅游合作的愿景，建议由中国云南和越南联合发起举行大湄公河次区域旅游峰会。峰会可由中国云南和越南轮流承办，也可由老挝、缅甸、柬埔寨、泰国等各成员单位轮流举办，建议每两年举行一次，参会人员包括大湄公河次区域所有成员单位的旅游最高行政决策部门领导以及旅游行业带头人物，同时邀请滇越国际旅游区域的主要客源国领导人共同参与峰会，峰会应每届确定一个议题，通过会议共同商议大湄公河次区域旅游合作的前景问题、共同投资问题、决策的具体实施方案等。通过峰会，一是提高和扩大滇越国际旅游区域的知名度，二是确保能够从大湄公河次区域的其他成员国以及欧美主要客源国获得可能的帮助，三是拓展国际旅游发展的新思维、新视野、新方法，开拓新的客源市场。

4.4.2.3 滇越国际旅游博览会

以与旅游密切相关的事物为主题，定期举办滇越国际旅游博览会，旨在启发思维，促进滇越国际旅游多样化全面发展。在欧洲，很多行业协会定期举行各类与本行业相关的博览会，博览会上展出的产品和服务均为行业中最领先的发明、最新奇的产品、最方便使用的各类辅助设施等，以此来促进行业的快速发展。这一方法非常值得旅游业借鉴，在滇越国际旅游区域范围内有丰富的旅游资源类型，适合开展各类型的旅游活动，包括常规形式的观光旅游、度假旅游，还有充分的空间开展生态旅游、特种旅游等，无论是常规形式还是非常规形式，好的、恰当的旅游用品都能够在确保旅游活动顺利开展的基础上进一步提高旅游过程的安全性和舒适性，增强旅游者的优质旅游体验。通过博览会的召开，为滇越国际旅游合作提供关于旅游设施、设备、旅游辅助产品、旅游食品、旅游用品、旅游纪念品等方面决策的思路和决策方案，甚至可以为目前国际倡导的低碳排放旅游、智慧旅游等新型旅游形式提供全面的解决方案。

4.4.2.4 滇越国际旅游论坛

与前面三种决策途径相比较，滇越国际旅游论坛则属于学术研究范畴的决策途径。通过每年一次旅游论坛的举办，将来自政界、业界和学界的代表聚集起来，探讨滇越国际旅游区域、东南亚乃至世界旅游的热点、重点和亮点，探索旅游的新思路、新技术、新方法、新趋势。同时，论坛也将通过精心策划的观摩、考察、访问、体验等方式，激发论坛与会者对滇越区域内旅游业所涉及的食、宿、行、游、购、娱等各个方面进行研究：第一，政策层面的研究，包括各类相关合作政策、管理规范、行业标准、评价体系、法律保障等方面的理论研究，以提供决策依据；第二，行业层面的研究，包括餐饮产品、住宿产品、特色旅游交通、各类旅游资源、旅游购物环节、地方性旅游娱乐产品等的设计、开发与管理；第三，从旅游研究的其他视角研究区域内旅游合作的相关问题，为决策部门提供理论指导和决策依据。

每次论坛可根据当前国际旅游研究的热点问题和滇越国际旅游合作区域面临的现实问题设置不同内容和主题的分论坛，汇集整理学者们的研究成果，并定期展示，利用这些前沿的研究成果来指导区域内旅游业各个环节的发展。

4.4.3 决策模式

通常情况下，一个组织的决策是通过既定的组织结构进行的，这种既定的组织结构设计通常包括专门化和部门化、命令链、控制跨度、集权与分权等要素，每一个要素都是保证决策顺利进行的关键，组织的决策正是通过这些要素将目标和任务进行分解、合作，最终得以实现。其中，专门化和部门化要素解决决策过程中应该将任务分解到何种程度的问题；命令链要素解决在执行任务过程中应该向谁汇报、对谁负责的问题；控制跨度要素解决应该如何设计任务管理层级的问题；集权与分权要素解决决策权应该放在哪一个层面的问题。如果将滇越国际旅游合作中的各个共生要素都视为一个组织的话，则每一个决策主体的决策可以依据上述要素，参照两种模式进行，一是机械模式，二是有机模式。

4.4.3.1　机械模式

传统的组织决策模式，最大的特征是组织结构的各项要素是固定的，不因为目标、任务类型、外界环境等因素而改变，通过固定的部门和专业化分工、固定的命令链长度、固定的集权和分权体制、固定的控制跨度来实施决策，其特点是高度专门化、严格部门化、命令链清晰、控制跨度窄、决策集权化、正规化程度高。这种模式的结构如图 4-6 所示。

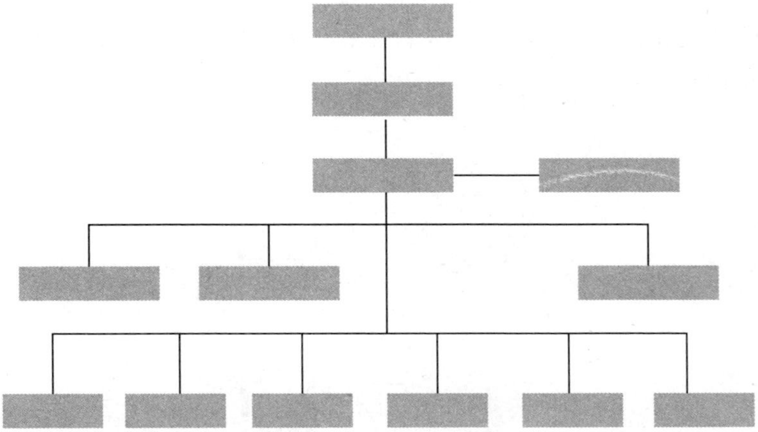

图 4-6　机械模式结构

诚然，滇越国际旅游合作区域的决策主体中，跨区域旅游管理委员会大多数情况下应该选择机械模式进行决策和任务分解。使用这种决策模式的好处在于：第一，工作的高度专门化和部门化能够极大地提高决策效率，降低决策成本；第二，命令链清晰保证了在决策过程中职权分明，责任界定准确，便于统一指挥和调控。不利之处在于：第一，控制跨度窄容易导致决策层级分散，组织运营成本高；第二，决策集权化，即决策权高度集中，这样容易抑制组织中其他成员的观点和想法；第三，高度正规化，正规化即执行任务的标准化程度，高度正规化的情况下必将导致自主权的极大降低，不利于决策的制定和任务的执行。

4.4.3.2 有机模式

新型组织决策模式，其最大的特点是组织结构的所有要素均不固定，使决策主体的组织层级更为扁平化，根据决策类型和任务的不同可以随时调整各项要素，做出灵活应对。这一决策模式中，通常具有多个决策者，鼓励成员充分地发表意见和看法，鼓励积极参与实践。其特点是决策主体由各跨职能、跨层级的团队组成，组织中没有明显的头衔、级别，甚至没有命令链，信息能够自由流动，控制跨度无限大导致决策效率极大提高，成本下降，决策分权化极大地提高了决策主体中各个成员的参与性和主观能动性，正规化程度低保证了组织各级成员的自主权，有助于激发创新。

在滇越国际旅游区域决策主体中，旅游企业联盟必定要选取有机决策模式，如图 4-7 所示。

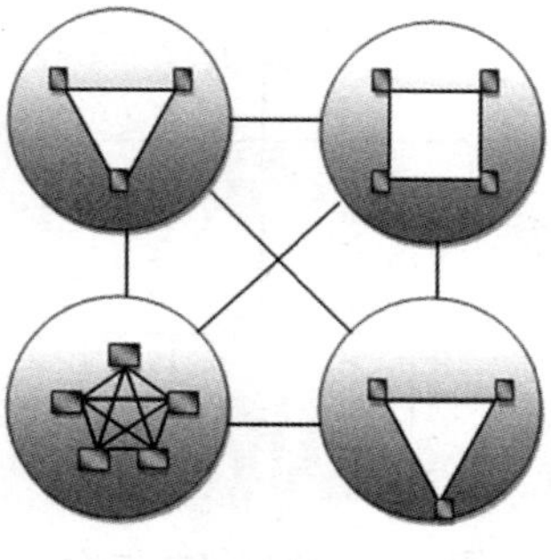

图 4-7　有机模式结构

图 4-7 中，每一个圈层代表区域内一个旅游企业子联盟，它们既是独立的决策主体，又是整个区域所有旅游企业联盟的决策主体，每一层决策主体

都能够在自己的决策范围内进行充分的决策。该决策模式通过消除决策主体组织结构中的纵向界限，使每个人都面对相同的决策情景，互通有无，保证信息的均衡获取和信息对称；通过消除决策主体组织结构中的横向界限，以企业团队的形式来取代机械模式中的决策层级，直接围绕任务的流程来组织决策，加强了沟通和互动，增进了各个旅游企业之间的了解和协作，确保了决策的有效性和任务的可实施性。

4.4.3.3 “机械+有机”模式

该模式即机械模式和有机模式相结合的决策过程，适合于社区居民这一决策主体进行决策。社区居民作为区域内重要的利益相关方，是参与决策的重要部分，但由于社区居民分散在区域内各个不同的地方，人数众多，所面对的社区发展战略不同，所拥有的旅游资源类型不同，社区的规模大小不同，环境的容量、变化性和复杂性不同，因此不能完全选取一种决策模式，建议能够根据不同的决策条件和任务类型选取机械和有机相结合的模式。例如，从社区旅游发展战略层面考虑，当旅游发展战略偏重于创新时，建议采用有机决策模式，当追求成本最小化时建议采用机械模式，如果是模仿战略，则需要采取机械和有机相结合的模式。从社区的规模上看，500 人以上的社区建议用机械模式，500 人以下的社区可用有机模式。从社区所面临的环境来看，如果环境容量小、资源稀缺、易变性大、环境要素复杂，建议采用有机模式，反之，如果环境容量大、资源丰富、易变性小、环境要素简单，应该选用机械模式。

4.5 一体化发展机制

所谓区域旅游一体化是以该区域内相关国家或地区建成统一的旅游目的地、共同的旅游市场、完整的旅游经济区为标志的，其本质是在成员国或地区之间建立统一的市场规则与市场秩序，实现旅游资本、信息、企业、服务、旅游者和从业人员等要素的合理优化配置和自由流动，最终实现区域旅游经济的协同发展①。

区域旅游合作要实现一体化共生的目标，首先要解决区域市场一体化的问题，这一过程涉及国家间的政治、经济、法律、社会、文化等各个方面，甚至涉及整个社会的融合问题，因此，是一种全面互动过程。其目的是大大提高合作区域各方的实际竞争力，增强与其他国家或区域的抗衡能力。这就需要有一个很特殊的机构来维持各方的和谐，协调各种错综复杂的关系和不可避免的冲突，使得区域内各方能够正常地沟通、交流，相互理解、磨合和妥协。区域旅游一体化以区域市场一体化为前提，市场一体化表示区域内所有商品的流通条件是一样的，没有设限，也称为市场均匀化②。只要阻碍商品自由流通的要素存在，如高速公路收费站、关税或者某个准入条件，该条件就会把某一个市场设置门槛或封闭起来，就表明区域市场没有实现一体化。

总而言之，要促进滇越国际旅游区域一体化机制的形成，就是要实现统一的旅游目的地、共同的旅游市场、完整的旅游经济区，可以从共担责任、共同管理、共谋发展等方面来思考对策。

4.5.1 共担责任

共担责任指的是滇越双方共同承担区域内所有与旅游相关的资本投入、规划建设、风险应对、危机管理等，包括人力、物力、财力各方面的投入，旅游项目的规划建设，旅游基础设施的完善，旅游信息化建设的投入等。责任共担主要可以从以下几个方面入手：

第一，设立旅游开发基金，主要用于两个方面：一是滇越国际旅游区域内旅游基础设施的建设和旅游信息化的建设投入，例如国际旅游客源转移通道的完善，区域各类型旅游网站的建设；二是援助滇越区域内不发达地区的旅游建设。基金主要来源于双方政府直接划拨的专项资金、国际 NGO 组织基础设施项目投入，以及从到滇越进行旅游项目投资的跨国企业和本土企业中按照项目投入的一定比例进行抽取，投入到旅游开发基金中，以供统一调配

---

① 欧盟旅游一体化的启示［EB/OL］. 第一旅游网，http：//www. toptour. cn/.

② 百度百科。

使用。

第二，在滇越区域旅游的最高决策机构跨区域旅游管理委员会下设立旅游咨询委员会，承担区域内旅游合作的重大项目的统一规划设计，对区域内的工程建设项目进行协调分工，共同承担建设所需相关人力、物力的配置，对受到工程影响的各类相关人员进行合理安置，并做出相应补偿。

第三，在滇越区域旅游的最高决策机构跨区域旅游管理委员会下设立旅游危机管理机构，负责对区域内旅游活动过程实施危机管理。这一机构必须履行以下职责：一是危机的监测，要求有具体的监测组织和完善的监测系统对国际旅游活动过程中各个环节进行监测，为危机管理提供实施的信息和分析数据；二是危机的预防，利用监测信息进一步分析未来可能发生的危机状态和类型，找出导致危机产生的主要因素并对其进行遏制；三是危机的控制，要求制定详细的备选方案，即 B 计划，并对计划进行反复演练，以便在危机发生时能够做出最迅速的反应，对危机所产生的不良影响进行全面控制；四是危机的解决，按部就班地利用各项公关技能处理危机。

4.5.2 共同管理

区域旅游的合作总是从松散型协作起步的，通过加强旅游合作双方的沟通和信息交流，在区域内旅游企业的带动下，不断推进旅游活动中人力、资本、产品的交流与协作，逐渐建立跨国、跨区域的行业组织，实现区域旅游合作从量变到质变的转换，最终走向紧密型合作。这是区域旅游一体化实现的基本路径，在这一路径中共同的管理起到了至关重要的作用。

4.5.2.1 统一目标

区域旅游一体化必须以建设统一的旅游目的地为目标，要实现这一目标，需要实现一系列的统一：共同编制区域旅游发展规划，制定统一的旅游行动纲领，细化到每年的旅游行动计划；共同开展旅游从业人员培训、统一的区域旅游服务标准，包括制定旅行社、饭店和航空企业的运作规范；统筹市场营销，制定滇越国际旅游区域的全球推广营销方案，确立区域统一的旅游宣传形象、年度旅游主题和创意。

4.5.2.2 信息共享

掌握行之有效的旅游信息统计体系、搭建实时沟通的信息平台是实现信息共享的关键。因此，建议滇越旅游区域决策机构确定共同研发旅游卫星账户统计体系，编制《滇越旅游区域旅游卫星账户使用手册》，用宏观统计计量的方法，将由于旅游消费而引发的国民经济各行业中的直接和间接的旅游产出从相关行业中分离出来，从而更清晰地确定旅游业对区域经济的影响和作用。同时，实现实时信息共享还需要搭建信息平台，这些平台主要包括滇越国际旅游区域内的一系列官方网站：旅游资源推介网站、旅游目的地通道网站、城市联合营销网站、可持续发展旅游合作网站、各类专项旅游网站（如会展旅游网站）等。

4.5.2.3 消除双边障碍

前面提到，只要是阻碍商品自由流通的要素都是滇越国际旅游区域实现市场一体化、旅游一体化的障碍，目前这些要素主要体现在边境壁垒、货币障碍等方面。形成这一系列障碍的原因主要有两个：一是旅游行政管理体制障碍。目前中国和越南都采用四级旅游行政主管部门为旅游业主管部门的行政管理模式，这些旅游局分别隶属于所在行政区政府，导致了客观上不利于各级行政地域之间旅游产业的协调，没有一个跨区域的旅游管理机构来制定旅游产业政策、规划产业布局、控制产业规模、调整产业结构，使得旅游业仍处于各自为政、条块分割的状态，严重损害了区域内旅游业的整体利益。二是区域内的利益博弈障碍。由于各级政府都以追求旅游经济效益最大化为目标，为了有效控制旅游经济的流动，竞相进行资源开发和旅游项目建设，在各自行政区范围内构筑起了自我封闭、自我配套、自我发展的旅游发展结构体系；同时为争夺旅游资源，一味构筑自己的旅游产业体系，形成功能性、结构性的重复开发，使适合区域发展的一些优势旅游项目得不到很好发展，客观上造成了严重的旅游产业结构同构化现象，也为跨区域旅游合作带来重重制约。

因此，共同管理的职能之一就是要消除这些障碍。首先，成立跨区域的旅游管理机构，如滇越跨区域旅游管理委员会、旅游咨询委员会，建立咨询和合作程序的决议；其次，通过沟通和协调，寻求滇越双边外交、财政和法律上的支持；最后，可以考虑成立区域旅游的研究和培训机构，如滇越旅游管理学院，校址可以设在红河学院内，旨在专门研究滇越旅游发展的相关问题，按照统一的目标和要求为滇越旅游合作培养专门的人才。

4.5.2.4 评估监督

在区域范围内建立有效的评估监督体系，用于评估区域旅游合作的效果和效率。同时对相关政策的执行、法律法规的遵守、旅游服务质量指标的完成等各项内容进行监督，并将结果实时反馈到相关决策机构，对各项合作条款进行修订和完善。

4.5.3 共谋发展

滇越国际旅游区域的合作不是一年半载的短期合作，是一个长期合作的过程，这种合作的根本利益驱动是通过强强联手的方式将区域旅游的蛋糕做大，实现共同利益的最大化。这种合作有利于中国和越南两国旅游业发展，有利于东南亚区域旅游发展的大计划，因此，可持续是滇越区域旅游发展的主体方向。借鉴欧盟的经验，要确保区域旅游发展的可持续性，可以通过发挥行业组织的功能，设立滇越旅游可持续发展组织，由国际旅游组织、区域行业协会、社会团体共同参与。该组织的职责是确定旅游可持续发展的基本方向和发展建议，制定滇越旅游可持续发展的相关议程，促进中央政府和地方公共机构的密切合作，组织评选区域内最佳旅游目的地，以可持续发展作为评价的主要标准，让可持续的观念深入每一个合作的领域和层面，让可持续发展的相关政策和方法得以真正贯彻和落实。

4.6 本章小结

本章作为全书的第四部分，重点在于探索滇越国际旅游区域在旅游合作过程中切实可行的方法和措施。

在对滇越国际旅游区域共生背景、共生要素进行系统分析的基础上，本章进一步提出了滇越国际旅游合作的共生机制，即通过一定的方式和方法，在中国云南和越南现行旅游业发展的过程中，把能够合作的各项事物联系起来，使它们协调运行而发挥作用。通过对滇越国际旅游区域目前旅游业发展的现状与所面临的机遇和挑战进行分析发现，要实现区域内的共生，可以通过以下五种机制实现，即资源整合机制、品牌共建机制、利益均衡机制、决策共商机制、一体化发展机制。资源整合机制解决的是应该选择哪些资源进行整合、如何选择，整合这些资源进入共生系统的持续动力是什么，整合后的共生系统会产生多少的新的价值。品牌共建机制解决滇越国际旅游区域应如何塑造并突出区域优势、确定旅游形象、固化旅游品质的问题。利益均衡机制是为了确保区域内所创造的价值能够在国家与国家、地区与地区、企业与社区之间相互流动和分配，包括补偿机制、协调机制和共赢机制。决策共商机制确定了滇越国际旅游区域合作的决策主体、决策通道和决策模式，目的是要确保区域合作的所有决策由区域内旅游业的各个利益相关者共生协商制定。一体化发展机制则是探索滇越国际旅游区域朝着对称性互惠共生和一体化共生方向发展的最终尝试。

5　滇越国际旅游合作实证研究

早在20世纪90年代，发达国家旅游研究就已经开始关注旅游产业的转型。相对于传统的“大众旅游”，学术界提出了“新旅游”（new tourism）的概念，用于指代一种更具持续性的健康旅游组织模式①。自助旅游因为能够满足旅游者个性化的需求，自主性和灵活性都优于传统的组织方式，因而成为新旅游的旗舰。国外学者Poon（1993）认为，发达国家的大众旅游在20世纪70年代末期达到顶点，并迎来了“新旅游”的兴起。2000年以后，西方发达国家的主流旅游形式已经为新旅游模式所取代，但两者将会长期并存。对大众旅游的“扬弃”和对个性化自助旅游的“追逐”，将成为国际旅游发展转型的显著特征②。东南亚一直以来都是欧美国际旅游市场钟爱的自助旅游目的地，越南由于近代历史原因，受欧洲，特别是法国文化的影响，早已成为欧美发达国家自助旅游者非常喜爱的旅游目的地，因此，在自助旅游目的地建设、国际自助旅游市场开发和接待方面，越南的发展都领先于中国云南。在本研究最后，选取了在地域上接近、资源类型方面相似的云南世界遗产地元阳和越南著名避暑旅游胜地沙巴，从比较的角度进行自助旅游目的地的合作建设研究，目的在于通过合作建设，提升边境区域的旅游吸引力，为拓展未来国际旅游市场空间做好准备。

5.1 国际旅游市场的转型与发展

自助旅游是一种由来已久的旅游形式，由于旅游业早期发展的局限性，

---

① 许峰．转型视角下我国自助旅游发展研究［J］．旅游科学，2006（4）：12-18.

② Poon，Auliana. Tourism，Technology and Competitive Strategy［M］．Wallingford，UK：CAB International，1993：3-12.

导致旅游活动各要素发展不够完善，使这一旅游形式受到了抑制，未能大规模发展。20 世纪 90 年代以来，伴随着全球旅游业的飞速发展、旅游需求的多样化，自助旅游形式越来越得到欧美发达国家旅游者的青睐，旅游人数在全球范围内迅速扩大。东南亚各国以其独特的资源禀赋和绝佳的地理位置，成为欧美发达国家旅游者喜爱的自助旅游目的地。中国云南和越南地理位置相邻，边境相连，口岸互通，都是旅游资源禀赋高、具有较高国际知名度的旅游目的地。同时，中国和越南也是中国—东盟自由贸易区和大湄公河次区域经济发展的合作伙伴，是云南省中国“桥头堡”战略中实现中国面向西南开发的重要环节。近 20 年来，中越两国的国际旅游市场规模不断扩大，国际旅游接待人数都进入了持续稳定的增长时期。如果能够利用各自在旅游业发展方面的优势，从国际旅游合作的视角出发，互通有无，取长补短，相互学习，以开发建设世界一流的国际自助旅游目的地为目标，共享客源市场，进一步做大国际旅游市场规模，必将极大地促进中国云南和越南旅游业在世界旅游转型中的纵深发展。

学术界公认的关于自助旅游的概念包括两个要点：第一，全程无导游人员陪同；第二，自主选择和安排旅游活动。这种旅游形式的特点是游客自主性强，能够按照自己的意愿灵活确定旅游行程，没有明显的特定受益机构。但国内外研究数据显示，自助旅游者的平均停留天数和人均消费均高于团队包价旅游者，是推动旅游产业纵深发展的新动力。

2008 年邓小海在对大湄公河次区域国际旅游者特征的抽样分析中获得了相似的证据，该调查表明，欧洲、美洲、东盟和澳大利亚是大湄公河次区域的主要客源国（地区），为次区域国家提供了 80% 以上的客源，这些游客大多以度假为目的，过夜时间平均接近 15 天。此外，调查还显示，次区域游客中，79.49%的游客为自助旅游者，仅有 20.51%的游客来自团队包价旅游，这部分包价旅游的游客主要来自缅甸和云南①。显然，国际旅游市场在旅游产业转型上已经走在了前面。如何更好地建设自助旅游目的地，提供有特色、

① 邓小海．大湄公河次区域国际旅游者特征分析——基于次区域游客离境调查［J］．桂林旅游高等专科学校学报，2008（3）：427-432.

有竞争力的自助旅游产品，是争取国际旅游客源市场的首要任务。

5.2 滇越自助旅游合作背景

5.2.1 地域环境的相似性

云南省位于中国西南边陲，是中国通往东南亚、南亚的门户，是“桥头堡”建设的前沿。总面积约39万平方公里，总人口4596.6万人（2011年5月第六次人口普查数据）。云南地处低纬度高原，北回归线从云南南部横穿而过，地理位置特殊，地形地貌复杂，气候类型多样。从南到北有北热带、南亚热带、中亚热带、北亚热带、暖温带、中温带和高原气候区等7个温度带的气候类型。主要受南孟加拉高压气流影响形成的高原季风气候，使全省大部分地区冬暖夏凉、四季如春。全省地貌呈现高原波状起伏、高山峡谷相间、地势阶梯递降、断陷盆地错落、江河纵横、湖泊棋布的特征。云南自古就是中国连接东南亚各国的陆路通道，有出境公路20多条，15个民族与境外相同民族在国境线两侧居住。

越南社会主义共和国是东南亚国家联盟成员之一，位于中南半岛东部，北与中国接壤，西与老挝、柬埔寨交界，东面和南面临南海，海岸线长3260多公里。国土面积约32.9万平方公里，总人口约9000万人（2013年统计数据）。越南地形狭长，地势西高东低，境内3/4为山地和高原。中部长山山脉纵贯南北。主要河流有北部的红河，南部的湄公河。越南全国地处北回归线以南，高温多雨，属热带季风气候。年平均气温在24℃左右，年平均降雨量为1500~2000毫米。越南矿产资源、海洋生物资源丰富，种类多样。

中国云南和越南彼此相邻，边境线长1353公里，在地貌特征、气候类型、民族文化等诸多方面都呈现出很多相似之处，同时又在各自的发展和历史变迁过程中形成了各自的特点。二者在地域环境方面的相似性和互补性正是两地开展国际旅游合作的基础。

5.2.2 国际旅游发展的快速性

目前收集到的中国云南和越南23年的统计数据显示（见表5-1），双方的国际旅游接待人数都呈现持续增长的势头，增长过程中经历过 3 次波动。中国云南 1998 年、2000 年和 2003 年海外旅游人数下滑，主要原因是受“1999 昆明世界园艺博览会”的影响，造成在 1999 年游客过于集中的现象；2003 年则是由于全球范围内爆发的 SARS，导致国际游客出游率大幅度下降。越南的 3 次国际旅游人数下滑分别发生在 1998 年、2003 年和 2009 年，主要原因是 1997 年的东南亚金融危机，2003 年的 SARS 和 2008 年的世界金融危机。鉴于旅游业的脆弱性，国际旅游人数的下滑也是在预料之中的。

表 5-1　滇越国际旅游者接待人数对比

年份	中国云南		越南	
	海外旅游者人数（人次）	年增长率（%）	国际旅游者人数（人次）	年增长率（%）
1995	596942	14.3	1351300	—
1996	742527	24.4	1607200	18.9
1997	814063	9.6	1715600	6.7
1998	760909	-6.5	1520100	-11.4
1999	1040000	36.7	1781800	17.2
2000	1001141	-3.7	2140100	20.1
2001	1131300	13.0	2330800	8.9
2002	1303550	15.2	2628200	12.8
2003	1000101	-23.3	2429600	-7.6
2004	1100994	10.1	2927876	20.5
2005	1502817	36.5	3467757	18.4
2006	1810017	20.4	3583486	3.0
2007	2219030	22.6	4171564	16.4
2008	2502170	12.8	4235792	1.5
2009	2844902	13.7	3772359	-10.9
2010	3291500	15.7	5049855	34.8
2011	3953837	20.1	6014031	19.1
2012	4578000	15.8	6847678	13.9

续表

年份	中国云南		越南	
	海外旅游者人数（人次）	年增长率（%）	国际旅游者人数（人次）	年增长率（%）
2013	5335000	16.5	7572352	10.6
2014	5310600	-0.46	7870000	4
2015	5700800	7.35	8000000	1.7
2016	6003800	5.31	10000000	25
2017	6676900	11.2	12900000	29.1

资料来源：根据云南省旅游发展委员会和越南文化体育与旅游厅统计数据整理而成。

中国云南1999年海外旅游人数首次突破百万大关，2007年突破200万人次，之后仅5年的时间，海外旅游接待人数突破400万人次，2016年海外旅游接待人数突破600万人次，呈现了良好的增长势头。越南的国际旅游者数量在20世纪90年代初就达到了百万人次，2000年突破200万人次，7年间突破400万人次，2011年国际旅游人数突破600万人次，2013年、2015年、2016年连续突破700万人次、800万人次、1000万人次，增长势头迅猛。两个旅游目的地国际旅游人数总体都呈现良好的持续增长态势（见图5-1）。

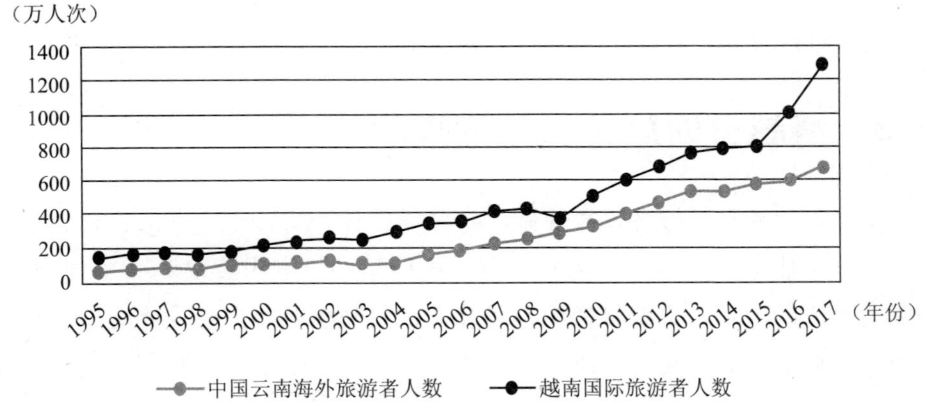

图5-1 中国云南和越南海外/国际旅游者人数增长比较

5.2.3 口岸互通的便捷性

云南和越南之间的边民互市由来已久，改革开放以来，我国又陆续恢复了几个大型的边境口岸，鼓励边贸通商和国际旅游。

国家一类空港口岸：昆明（长水机场）口岸。拥有世界第五大航站楼，是中国面向东南亚、南亚和连接欧亚的国家门户枢纽机场，也是中国西部地区唯一的国家门户机场①。平均每天起降航班950余架次，其中国际航班90余架次。目前开通有昆明至河内、胡志明市、岘港、芽庄的直达航班。

国家一类陆港口岸：河口。位于中国云南省红河州河口县城南端，与越南老街市隔河相望，国境线长193公里，是中越边境云南段最大的口岸，2017年出入境人员流量突破400万人次。

国家一类陆港口岸：天保。位于云南省文山州麻栗坡县天保镇，与越南河江省清水河口岸相邻，国境线长277公里。它是从云南进入越南和连接东南亚、南亚的重要陆路通道，也是中国云南通往越南首都取道最直、里程最短的重要陆路通道之一，2016年11月，天保口岸出入境人数突破100万人次。

国家一类陆港口岸：金水河，位于中国云南省红河州金平县南端，与越南莱州省交界，国境线长502公里。2015年底口岸出入境人员达44万人次，通关车辆19164辆次，同比分别增长88%和83%，创口岸复通以来历史新高。

5.3 滇越自助旅游目的地现状

一个酒店要吸引游客，必须做出自己的特色，要针对主要的目标客源市场，设计酒店的建筑风格、大堂布置、房间结构、室内陈设等一系列细节，以满足客人的需求。旅游目的地也是如此，要吸引客源，必须要为目标市场提供关于旅游六大要素的解决方案。关于这六大要素中，究竟哪一项或者哪几项是旅游目的地的核心竞争力，结论千差万别。这里要探讨的是：中国云南和越南作为吸引国际旅游客源市场的自助旅游目的地究竟应该具备哪些因

① 百度百科。

素？现状是什么？各有什么优势？是否能够取长补短、共同发展？

国内学者陈俊鸿提出，自助旅游产品主要由三部分构成：一是旅游景区与外部的交通联系；二是景区内的活动内容与线路安排；三是就餐和住宿的场所①。笔者将以上三部分内容解读为：一是国际旅游者可自主选择到达目的地和在目的地各景区内的交通工具的便捷性；二是目的地旅游活动内容的丰富性；三是目的地可供选择的住宿和餐饮设施的多样性。就中国云南和越南在这三个方面的建设情况，我们做以下对比分析。

5.3.1 旅游者自主选择交通工具的便捷程度

云南省为了大力发展旅游支柱产业，提高海外和国内旅游者的可进入性，新建昆明长水国际机场，并于2012年6月28日正式启用，其作为全球百强机场之一，是中国面向东南亚、南亚和连接欧亚的继北京、上海和广州之后的第四个国家门户机场，也是中国西部地区唯一的国家门户机场。航站楼单体建筑面积世界第一，机场总建筑面积在国内仅次于北京、上海、香港，居全国第四，世界第五。开通航线共319条，其中国内航线275条、国际航线38条、地区航线6条，通航城市118个，其中国内城市89个、地区城市3个、国际城市26个。2012年全年旅客吞吐量达2398万人次。

同时，为了提高旅游者到达各个景区的可进入性，云南省先后修建了景洪西双版纳机场、丽江机场、大理机场、迪庆机场、芒市机场、保山机场、思茅机场、昭通机场、文山机场、临沧机场、腾冲驼峰机场，另有红河机场、怒江机场、泸沽湖机场正在建设中。

铁路方面，开通了昆明至大理和丽江的旅游专列，公路网络四通八达。这种以一地为中心，点对点型的交通线路设置，为国际旅游者第一时间进入云南，并迅速分散到各大景区景点提供了非常便捷的解决方案，昆明市作为云南省的旅游集散中心地，在这方面发挥了巨大的作用。

但与此同时，在旅游线沿线和旅游点之间的衔接性交通工具则发展不足，在这方面不能很好地满足自助旅游者在旅游过程中追求的灵活性、自主性和

① 陈俊鸿．论风景名胜区的自助旅游开发［J］．旅游学刊，1995（6）：40-43.

随意性的特性。同时，云南省内租车业务不发达，特别是异地还车基本不能实现。

越南河内和胡志明市的国际机场是主要的对外交通枢纽，中国的北京、上海、广州等城市每天都有直飞河内和胡志明市的航班。云南昆明和越南河内、胡志明市、岘港、芽庄之间每周都有航班执飞。越南火车南北贯通，河内—胡志明市全程铁路线长 1726 公里，沿途经过顺化等旅游城市均设站点停车。越南的公路网四通八达，但路况较差，速度较慢。

越南自助旅游交通方面，最便捷的莫过于 Open Tour，这是越南为发展旅游业设计出的一种非常方便旅行的巴士车票。起止点是河内和胡志明市，中间包括 Hue（顺化）、Hoi An（会安）、Da Nang（岘港）、NhsTrang（芽庄）、Dalat（大叻）等站，全程票价加税 25~35 美元不等。客运公司在各个站点每天都安排一班或数班车次。持 Open Tour 巴士车票，中途可以在任何一个城市下车参观游玩，然后找当地的办事处出示自己的车票，确定自己计划离开的时间和所住的旅馆，到时便会有车到旅馆来接你去下一站。这一方案满足了自助旅游者在旅游线沿线自主选择停留景区、景点的要求，非常符合自助旅游的特质。

但是，在汽车租赁业务方面，越南也比较落后，目前还没有国际租赁公司，也不通用国际驾照，在越南驾车必须持有越南的驾照，因此只能租带司机的私家车或包车。相对而言，越南的摩托车租借业务比较成熟。

5.3.2 旅游目的地活动内容的丰富性

云南地处中华文化圈、印度文化圈和东南亚文化圈交汇点，得天独厚的地理、气候条件，孕育了丰富的自然旅游资源和多样的民族文化。这里有北半球纬度最低的雪山群、世界上最古老的母系氏族婚姻习俗、世界罕见的大规模恐龙化石群（完整出土陈列恐龙化石 70 多架）、活着的象形文字……这里充满了山脉、峡谷、河流、湖泊、湿地、溶洞、火山、温泉、冰川，这里人口在 5000 人以上的少数民族 25 个，其中有 15 个世居民族。自然资源和人文资源在这里完美结合，云南极其丰富的旅游资源类型和极高的资源品位，是云南旅游业自改革开放以来持续吸引国内外客源的重要因素。随着旅游业的发展，旅游管理水平的提高，这种优势仍然在持续，这一点充分满足了自助旅游产品所要求的旅游目的地旅游活动内容丰富性和多样性的要求。云南省重点旅游资源见表 4-5。

越南有 54 个民族，京族占总人口的 87%；少数民族有岱依族、泰族、芒族、高棉族、赫蒙族、侬族、华族、苗族等，各具风情。越南旅游资源丰富，旅游业增长迅速，经济效益显著。这里有千年的皇城和古都，有多彩的民族和原生态文化，3260 公里的海岸线是越南最具吸引力的旅游资源。边境小镇沙巴 2012 年接待国际旅游者 12.5 万人次，让人叹为观止；美奈作为风筝冲浪者的旅游天堂，也是越南国际旅游者们的最爱，还有国际化程度很高的胡志明市、首都河内市、下龙湾、顺化、会安、芽庄、岘港、大叻、海防、藩切、头顿湄公河三角洲，都是国际旅游者们光顾的热点。越南世界遗产旅游资源见表 5-2。

表 5-2 越南世界遗产旅游资源

世界遗产（7 项）	顺化历史建筑群（世界文化与自然遗产，1993 年） 下龙湾（世界自然遗产，1994 年） 圣子修道院/美山占城圣地（世界文化遗产，1999 年） 会安古镇（世界文化遗产，1999 年） 峰牙—己榜国家公园（世界自然遗产，2003 年） 河内升龙皇城（世界文化遗产，2010 年） 胡朝时期的城堡（世界文化遗产，2011 年）

资料来源：根据百度信息整理而成。

总体上看，中国云南和越南都属于旅游资源富集的地区，资源类型丰富，各具特色。但相比较而言，越南旅游资源规模较小，旅游管理相对落后，很多景区景点，甚至包括世界遗产资源的管理和保护都不到位，利用的可持续性令人担忧。中国云南的旅游资源规模相对较大，对景区景点进行系统的管理，并在对资源的保护性开发和可持续利用方面投入了大量的人力、物力、财力进行深入研究和实践，取得了较好的成果。

5.3.3 旅游目的地可供选择的住宿和餐饮设施的多样性

在中国云南持续经营管理至今的国际酒店集团情况如表 5-3 所示。

表 5-3 国际酒店集团在中国云南的经营状况

序号	所属管理公司	酒店名称	开业时间	房间数（间）
1	新加坡悦榕集团（Banyan Tree）	香格里拉仁安悦榕庄	2005 年	32
		丽江悦榕庄	2006 年	122
		玉溪抚仙湖悦春度假酒店	2010 年 9 月	711
		腾冲悦春温泉村	2013 年 8 月	37
2	新加坡百乐酒店集团（Grand Park）	昆明君乐酒店	2008 年	300
3	英国洲际酒店集团（Inter-Continental Hotels Group）	丽江和府洲际度假酒店	2009 年	267
		昆明洲际酒店	2013 年 9 月	541
		丽江古城英迪格酒店	2013 年 9 月	70
		西双版纳万达皇冠假日度假酒店	2015 年	410
		大理洱海天域英迪格酒店	2017 年 9 月	255
4	美国温德姆酒店集团（Wyndham Hotel Group）	昆明南亚风情园豪生大酒店	2011 年 3 月	309
		昆明七彩云南温德姆至尊豪庭大酒店	2012 年 7 月	374
5	法国雅高酒店集团（Accor Hotels）	丽江铂尔曼度假酒店	2011 年 4 月	130
		昆明索菲特大酒店	2016 年 5 月	400
6	泰国美诺国际酒店集团（Minor International Hotel Group）	西双版纳安纳塔拉度假酒店	2013 年 2 月	103
7	美国凯悦酒店集团（Hyatt Hotels Corporation）	丽江金茂凯悦臻选酒店	2014 年	305

续表

序号	所属管理公司	酒店名称	开业时间	房间数（间）
8	英国希尔顿国际酒店集团（Hilton Hotels & Resorts）	丽江实力希尔顿花园酒店	2014 年 12 月	172
		玉溪抚仙湖希尔顿酒店	2015 年 5 月	346
		西双版纳万达希尔顿逸林度假酒店	2015 年	412
		大理实力希尔顿酒店	2015 年 12 月	380
		香格里拉实力希尔顿花园酒店	2017 年 6 月	233
9	香港香格里拉酒店集团（Shangri-La Hotels & Resorts）	恬居·云南香格里拉大酒店	2015 年 8 月	166

资料来源：根据云南省旅游饭店行业协会资料、携程（http：//www. ctrip. com）信息整理而成。

自云南第一家涉外酒店昆明翠湖宾馆 1956 年 1 月开业以来，云南酒店业的发展速度不能说不快，但和世界各国发达的自助旅游目的地相比，还有很大差距，同时伴随着一个奇怪的现象：国际连锁品牌酒店和管理公司在 2010 年前几乎不曾进驻昆明（云南的其他旅游目的地开放较晚），曾经入驻昆明的喜达屋饭店及度假村管理集团（昆明威斯丁—佳华广场酒店）、希尔顿国际酒店集团（昆明翠湖宾馆）、海逸国际酒店集团（昆明海逸酒店）等，在管理一段时间后，因种种原因纷纷撤出昆明，导致昆明酒店业始终不能很好地与国际接轨，国际化程度不高，管理水平没有实质性的飞跃。目前最早在云南扎根并一直持续经营至今的国际酒店集团是新加坡悦榕集团旗下的香格里拉仁安悦榕庄，于 2005 年开业，经营客房 32 间。直到 2010 年后，国际酒店品牌在云南的经营和管理状况才开始有所改善，这从表 5-3 中的信息可见一斑。

就餐饮方面而言，云南省专门针对旅游者，特别是国际旅游者的餐饮设施为数不多，大部分主要集中在滇西北大理、丽江、香格里拉一带，而且大多不是纯正的西餐口味，多数旅游餐饮接待仍然以少数民族饮食和地方特色餐饮为主。这也是作为国际自助旅游目的地的一个极大的屏障，因为国际自助旅游者通常在一个旅游目的地会停留较长的时间，如果长期不能吃到自己习惯的口味，必定会影响自助旅游者的旅游体验。

越南在住宿和餐饮方面则有着极大的优势：一是各大国际酒店连锁品牌和国际酒店集团早在20世纪八九十年代就进入越南各个旅游城市，不仅有欧美的酒店品牌，还有中国香港地区、日本、韩国的酒店品牌。二是越南的酒店数量多、规模大，酒店网络预订系统发达，据不完全统计，越南主要旅游城市（河内、胡志明市、岘港、芽庄、大叻、会安等）可以在网上进行预订的酒店超过1万间，仅胡志明市就有4000多间；相比之下，中国云南仅昆明、丽江、大理网上酒店预订数量超过2000间，其余城市网上酒店可预订数量十分有限，且酒店档次普遍较低。三是近代法国殖民的历史，使得欧洲饮食文化对越南产生了极大的影响，越南本土的饮食或多或少都带上了法国饮食文化的印记，在西点、甜品、西餐的制作方面受法国人影响很大，因此，越南的餐饮设施和口味更贴近西方风格，国际自助旅游者不仅能够享用到比较正宗的西餐，而且在符合自己口味的饮食方面的选择空间也非常大，这也是中国云南作为国际自助旅游目的地所望尘莫及的。

5.3.4 自助旅游目的地要素综合对比

运用德尔菲法，我们请专家对四大类型指标的现状做了综合对比分析。中国云南和越南作为自助旅游目的地的要素包括交通工具便捷性、旅游资源丰富性、住宿设施和餐饮设施的多样性等方面，专家评分得出的结果如表5-4所示：

表5-4 中国云南与越南自助旅游目的地要素综合比较

相关要素/目的地		中国云南	越南
交通工具便捷性	第一站进入	★★★★★	★★★★★
	各旅游景区内部	★★	★★★★
旅游资源丰富性	丰富性	★★★★★	★★★★★
	开发与管理	★★★★	★★
住宿设施多样性	品牌与数量	★★★	★★★★★
	预订便捷性	★★★	★★★★★

续表

相关要素/目的地		中国云南	越南
餐饮设施多样性	民族风味	★★★★★	★★★
	西式餐饮	★★	★★★★★
综合评价		★★★	★★★★

注：五星为优秀，四星为良好，三星为中等，二星为较差，一星为极差。

从专家评价的结果来看，作为国际自助旅游目的地，越南更胜一筹，在第一站进入、旅游资源丰富性，特别是住宿设施多样性和西式餐饮的提供方面有着突出的优势，而云南除了第一站进入比较便利、旅游资源丰富、民族饮食多样化之外，其他要素都还十分欠缺，亟待加强。综合评价，作为自助旅游目的地，越南为四星，良好；中国云南仅为三星，中等。

5.4　滇越自助旅游合作的优势与劣势

5.4.1　合作的潜在旅游市场巨大

越南总体来说自助旅游的发展比中国云南快，市场规模和自助旅游产品均比中国云南成熟。特别是2009年后，国际旅游市场平均以每年100万人次的速度递增，势头迅猛；中国云南国际旅游市场近10年来也实现了平稳增长，平均涨幅在18%左右。如果双边能够共享这一份额的国际旅游市场，收益将会非常可观。

5.4.2　越南的比较优势和劣势

从分析上看，越南作为国际旅游目的地，其自助旅游产品的竞争优势有四：其一，交通工具便捷性，特别是Open Tour，是非常适合自助旅游者自助游的方式；其二，每一个旅游城市可供选择的酒店数量、档次和品牌都十分齐全，而且网络预订十分方便；其三，可供选择的欧式餐饮风格空间更大，口味更贴近欧美自助旅游者的喜好；其四，每个旅游城市都具备一定类型的旅游资源景观组合，适合自助旅游者休闲之余的出游需求，或徒步、或观光、或度假，均可满足。综合来看，越南更能提供给国际旅游者一个“无须借助导游人员，完全按照自己选择的线路独立进行旅游活动”的氛围。其劣势主要在于对现有旅游资源和景区景点缺乏统一的规划和管理，还基本处在任由其自主发展的状态，有序的管理和保护并不到位。

5.4.3 中国云南的比较优势和劣势

与越南相比，中国云南更像一个资源型的国际旅游目的地，吸引国际自助旅游者的主要还是现有丰富的旅游资源和较为规范的管理，这是中国云南作为国际自助旅游目的地的核心优势。而旅游线沿线，以及景区和景区之间可自由选择的便捷的交通工具、多样化和大规模的酒店品牌、正宗的欧美餐饮文化等恰恰是我们欠缺的。同时，提供给自助旅游者，尤其是国际自助旅游者的自助旅游信息不足，航班调整、地址更换、信息更新不及时乃至对外政策频繁变动的事情时有发生，造成国际旅游者自助旅游过程中极大的不便，不能顺利地实现旅游过程中的完全自助。

5.4.4 取长补短，合作共赢

综上所述，地域环境相似、国际旅游发展状况相当、地理位置相邻是中国云南和越南实现旅游合作的基础，国际旅游市场格局的变化是中国云南和越南实现合作的契机，通过比较发现的优势和不足是合作的目标和前进的方向，通过相互间的交流和学习，互通有无、取长补短，充分发挥各自的优势，完善自己的不足，打造东南亚和大湄公河次区域最具吸引力的自助旅游目的地、大幅度提高国际自助旅游市场份额是完全有可能实现的。

5.5 选点研究：越南沙巴 VS 中国元阳

在对滇越国际旅游区域共生研究和分析了滇越国际旅游区域自助旅游目的地建设发展优劣势的基础上，我们将与云南省相邻的老街省沙巴县作为比较对象，在借鉴沙巴旅游发展模式的基础上，从现代自助旅游行为模式下国际自助旅游目的地建设的视角，进一步探讨元阳哈尼梯田作为世界文化遗产旅游目的地的开发建设思路、模式和策略，以期为滇越国际旅游合作区域内特色旅游资源地的旅游开发、利用与保护找寻可供参考借鉴的方法。

5.5.1 红河哈尼梯田概况

红河哈尼梯田，是红河南岸哀牢山区以哈尼族为主的各族人民，利用“一山分四季，十里不同天”“山有多高，水有多高”的特殊地理环境，发挥聪明才智创造的农业生态系统，是中国梯田的优秀代表、世界农耕文明的奇观。2013 年 6 月 22 日，在柬埔寨首都金边举行的第 37 届世界遗产大会通过审议，将中国云南红河哈尼梯田文化景观列入联合国教科文组织世界遗产名录，成为第一个以民族名称命名的世界文化遗产。世界遗产委员会在评语中写到：“红河哈尼梯田文化景观所体现的森林、水系、梯田和村寨‘四度同构’系统符合世界遗产标准，其完美反映的精密复杂的农业、林业和水分配系统，通过长期以来形成的独特社会经济宗教体系得以加强，彰显了人与环境互动的一种重要模式。”①

红河哈尼梯田成功申遗后，将会因为世界遗产的桂冠而吸引更多的中外旅游者前来观光与体验。发展旅游业、建设云南新兴的遗产型旅游目的地、完善目的地配套服务设施建设、进行旅游开发等是否会对红河哈尼梯田遗产地产生破坏，这都是红河哈尼梯田在申遗后时代面临的迫切问题。另外，虽然红河哈尼梯田这次成功被列入世界文化遗产，但一直以来元阳哈尼梯田旅游发展较慢，目的地建设滞后，梯田景观的有效利用和维护、当地社区发展等均存在诸多问题，旅游发展作为保护遗产地的方法之一尚未有效发挥其功能。

5.5.2 越南沙巴自助旅游发展模式分析

沙巴是越南北部最著名的山地度假避暑旅游目的地，号称亚洲的“欧洲

① 中国云南红河哈尼梯田文化景观“申遗”成功［EB/OL］. 中央政府门户网站，http：//www. gov. cn/jrzg/2013-06/22/content_ 2431942. htm.

小镇”、越南的“丽江”，小镇风情独特浓郁①，吸引了众多的国内外游客前往游览、休闲、度假。其成功的原因有以下几个方面：

5.5.2.1 以特色旅游资源形成独特的旅游吸引力

（1）特殊的地理位置和山地避暑气候

沙巴位于越南北部老街省西南部，距离老街 38 公里，海拔 1650 米，是越南海拔最高的县城。县城对面是黄莲峰—番西拜（Phansipang）山脉，海拔 3134 米，是越南的最高峰，被誉为印度支那的“屋顶”。沙巴全年气温在17~23℃，清爽宜人。因此，早在 1922 年，在法国人的开发下，沙巴就成为了越南北部著名的避暑地。

（2）丰富多样的自然与人文景观组合

沙巴地处越南西北部的黄连山脉环抱之中，形成了沙巴多样的山地、森林、瀑布等自然景观。而在特殊的气候条件下，沙巴多变的雾气与小城的欧式建筑融合在一起，变化多端，是沙巴最为吸引人的美景。沙巴还有着山地稻作为景观——梯田，也是美国《旅游与闲暇》（*Travel and Leisure*）杂志组织读者评选出的亚洲及世界最奇美的 7 个梯田之一。②

（3）法属殖民地历史形成沙巴独特的异域小镇风采

法国殖民者在越南殖民地时期，前往沙巴兴建了大量的避暑山庄，因此沙巴遍布法式建筑，像一个欧洲小镇隐藏在亚洲的深山里。如此独特的东西方文化交融与环境差异，吸引了许多来自欧美的外国游客，与当地的欧式建筑和少数民族一起，造就了沙巴一道独特而又和谐的异域小镇风景。

（4）独特的山地民族文化风情

与越南其他著名的旅游区相比，沙巴以其独特山地少数民族文化和风情构成了吸引旅游者的一个重要旅游吸引力因素。越南有 54 个民族，而老街省聚居了其中一半，沙巴则是越南老街省苗族（赫蒙族）最集中的县之一，主要为黑衣苗族（Hmongb Dlob），有 1.47 万人，占全县总人口的 51%。与越南

---

① 全球最美的六个异域小镇隐藏着另一个世界［EB/OL］. 新浪湖南，http：//hunan. sina. com. cn/travel/message/2013-01-29/36629_ 2. html.

② 越南老街省沙巴梯田风光［EB/OL］. http：//www. 360doc. com/content/12/0718/17/1630322_ 225075446. shtml.

其他著名的旅游区相比，沙巴保留有浓厚的法国殖民文化色彩，且这里的山地少数民族也保持着非常传统的生活状态和独特的民族风情，其特有的服饰、饮食、节日、集市等，形成吸引游客的民族风俗与文化。

5.5.2.2 依托越南国际旅游发展的良好大环境发展特色旅游

越南自1986年改革开放以来，旅游业飞速发展，依托其丰富的旅游资源以及良好的国内外发展环境，成为亚太地区最受欢迎的旅游目的地之一。[①] 尤其是进入2000年之后，越南国际游客快速增长，越南国际旅游者人数从1995年的135.13万人次增长到2013年的757.2万人次，保持了较为强劲的增长势头；国内旅游蓬勃发展，2013年越南国内游客总量达3500万人次，同比增长7.7%；旅游创收不断扩大，2013年越南旅游业收入达到200万亿越南盾（约合95亿美元），同比增长25%[②]。政府为大力发展旅游业而出台了一系列措施，制定各项优惠政策，积极筹备资金，努力改善旅游基础条件，使越南旅游业形成了良好的发展大环境。

因此，沙巴的旅游发展依托于越南旅游业发展良好的大环境，并且在整个越南旅游目的地发展中形成了自己独特的旅游特色，以山地避暑胜地、欧式山地小镇、自然风光、民族文化、壮观梯田以及沙巴特有的休闲自助旅游氛围等吸引着众多游客前往。

5.5.2.3 按照国际自助旅游目的地目标引导旅游地各项设施建设

20世纪90年代以来，发达国家旅游出游方式已进入了从传统包价团队旅游向“新旅游”转型的时期。这一时期，自助旅游作为自主、灵活，更能彰显个性的旅游形式逐渐凸显出来，自助旅游人数在世界范围内迅速增长，东南亚各国成为全球著名的自助旅游目的地之一，越南的旅游目的地发展和建设也在这一过程中重点关注自助旅游者的需求。沙巴在旅游目的地的发展过程中，充分考虑到了现代旅游方式发展变化的趋势，在旅游交通、住宿、餐饮、观光游览、旅游资讯和信息等旅游地各项基础设施和服务设施的开发建

① 杨海燕．越南旅游业基本现状、快速发展的原因及前景预测研究［D］．暨南大学，2003.

② 2014年越南旅游业力争接待国际游客800万人次［EB/OL］．越共电子报，http：//cn.cpv.org.vn/Modules/News_China/News_Detail_C.aspx？CN_ID=630634&CO_ID=28340435.

设中，注重考虑自助旅游者的需求。例如，在旅游交通方面，形成了方便游客租车前往各个景点的良好模式；在住宿设施方面，充分考虑到了服务自助旅游者的不同档次酒店、青年旅舍、家庭旅馆的合理构成；通过网络，借助现代各种智能手机和便携电脑终端，形成了网上便捷查询相关旅游资讯和预订系统的旅游信息服务系统等。

此外，由于目前移动互联网的普及，许多旅游者希望能随时记录、发送、分享自己的旅途见闻，因此迫切需要方便、快速的上网环境。越南虽属发展中国家，但其无线网络（Wi-Fi）发展很快，使用率很高，餐厅、酒吧、咖啡厅、饭店等大多都提供免费或收费的 Wi-Fi。2012 年以来，为了给旅游者提供更好的服务，促进旅游业发展，越南部分著名旅游城市（如会安、下龙市、岘港、顺化、河内等）陆续推出了免费 Wi-Fi 服务，使游客和当地居民能更为方便地通过网络获取和发送信息①。在沙巴，越来越多的饭店、旅馆、餐厅、酒吧等也开始提供免费 Wi-Fi，因此能充分满足游客身处信息旅游时代的沟通和分享需求。

5.5.2.4 充分考虑自助旅游者的多样化旅游产品开发

越南沙巴在旅游发展过程中充分考虑了自助旅游者的多样化需求，结合沙巴所处的地理环境、历史文化、人文环境、地方文脉等，将传统优势产品与开发新产品相结合，形成了多样而又独特的旅游产品。如，沙巴利用其凉爽宜人的气候特征，结合法式风格山地小镇的格局与少数民族（黑衣苗族、瑶族）风情，着力营造山地休闲度假避暑小镇的旅游氛围，成为前往沙巴的自助旅游者最为喜欢的休闲旅游产品。同时，旅游者还可以享受梯田观光、村寨体验、山地徒步、民族风情、摄影旅游、生态旅游等多样化旅游产品，从而形成丰富的旅游目的地产品组合。

综上所述，沙巴自助旅游发展模式可以概括为：以特色旅游资源为基础，依托国内旅游业大环境优势，大力发展自助旅游设施，开发适合自助旅游者的多样化旅游产品。这一举措已经取得了显著的效果。

① 赵青. 越南旅游城市推免费 Wi-Fi 服务［EB/OL］. 中国经济网，http：//intl. ce. cn/specials/zxgjzh/201307/22/t20130722_ 24592659. shtml，2013-07-22.

5.5.3 沙巴与元阳旅游发展对比分析

5.5.3.1 旅游业发展现状比较

越南沙巴和中国元阳都是在山地自然地理环境特征孕育下的山地特色旅游目的地，融合了山地景观、梯田景观、民族风情、乡村风光等一系列有着较高相似度的旅游资源景观。两地在地理位置、旅游交通、生态环境、资源类型、民族风情等方面均有许多相似的地方。从旅游业发展的角度来看，两地也具有一定的相似性和发展的可对比性。当然，中国元阳和越南沙巴在资源特色、旅游业发展时间和历程、旅游产品的构成和特色、旅游市场的结构等方面仍有较多的差异（见表 5-5）。

表 5-5 越南沙巴和中国元阳旅游发展现状对比

	越南沙巴	中国元阳
旅游目的地概况	沙巴（SAPA）是越南北部著名的山地度假胜地和避暑胜地，号称“亚洲的欧洲小镇”，并与当地少数民族文化相互融合，多年来一直是西方游客喜欢的休闲度假地	元阳县以其壮美的梯田风光和独特的哈尼文化而名声远扬，2013 年 6 月，云南红河哈尼梯田入选世界文化遗产名录
地理位置和交通条件	沙巴位于越南北部山区的老街省，老街与中国云南省河口县隔河相望，沙巴距离老街 38 公里，约 1 小时车程	元阳县位于云南省南部，哀牢山脉南段，红河南岸，梯田核心区距昆明 313 千米，车程 5~6 小时
旅游资源和景观概况	沙巴既保留有浓厚的法国及欧洲殖民文化色彩，又有山地少数民族独特的民族风情，是一个休闲度假氛围突出的山地小城镇，其欧式风格小镇与山地自然景观、云雾景观及成片的梯田景观融为一体，相得益彰	元阳梯田迄今已有 1300 余年的历史，连片梯田面积达 19 万亩，分布在海拔 700~2000 米的山岭中，与日出、日落和云海等天象景观相结合，变化多端，同时还蕴含着深厚的民族耕作制度、文化和习俗等
旅游发展	旅游发展时间较长，早在 1903 年，法国人就已按照其居住环境和风格开始开发沙巴，供法国贵族避暑和士兵疗养休息，形成了当时著名的避暑地，并一直保留下来。进入 20 世纪 80 年代后，沙巴一直是外国人热衷的越南北部旅游胜地	20 世纪 80 年代初，摄影爱好者最早发现了元阳梯田的迷人风光，元阳梯田逐渐为众多游客所知晓。2001 年以来，元阳梯田游客量增长迅猛，2013 年末游客量已达 107.38 万人次

续表

	越南沙巴	中国元阳
旅游品牌	沙巴梯田为越南国家级风景名胜区；越南纪录组织确认其被列入两项越南纪录名单：越南最长之岭的乌龟胡岭和位于沙巴县中寨乡武龙充村的越南梯级最多的梯田（121 个梯级）	2013 年被列入世界文化遗产
旅游客源市场	以欧洲游客为主，偏重休闲度假和自助游	以国内游客，尤其是云南省内和周边省份（广东、广西、四川）短线游游客为主，同时也有少量以摄影观光为主的日本、法国等国际游客
旅游产品	休闲旅游、度假旅游、观光旅游、探险旅游、摄影旅游、生态旅游、户外运动、民族风情旅游	观光旅游、遗产旅游、摄影旅游、民族风情旅游
主要节庆	每年农历正月初五，老街省沙巴县达万乡瑞族人都举行“龙朴节”（下田节），祈求人和物丰，风调雨顺，五谷丰登	哈尼族的节日有“十月年”“昂玛突”“苦扎扎”，俗称哈尼三大节
保护措施	被列为越南国家级风景名胜区，建立了相应的保护措施	被列入世界文化遗产，目前景区公司与村民签订了《景区保护、开发、发展协作协议书》，并实施了相应的保护措施

资料来源：根据越南老街省文化体育与旅游局、云南世博元阳哈尼梯田文化旅游开发有限公司提供资料整理而成。

5.5.3.2 旅游发展的特点及差异比较

通过对比可以看到，中国云南和越南在旅游发展方面有如下特点和差异：

（1）发展历程方面

虽然沙巴地处越南地理位置较为偏僻的北部山区，但沙巴发展旅游较早，经历了约 100 年的发展历程，尤其是越南对外开放以来，其旅游发展速度较快，成为有着一定国际影响力的自助型旅游目的地；而云南元阳的旅游业发展起步较晚，旅游目的地的基础设施和配套设施较为落后，景观知名度随着被列入世界文化遗产而得到了较大的提升，但是在国际旅游市场上的知名度还有待通过进一步宣传来提升。

（2）景观特质和旅游产品方面

沙巴旅游景观特质呈现法国文化与当地少数民族文化交汇，并与自然景观融合并存、相得益彰的态势。因此，沙巴旅游立足于资源优势着力营造了自助旅游目的地的特色和氛围，打造了休闲、度假和观光等旅游产品，充满浓郁异域风情的小街小巷、雾气中的沙巴小镇建筑、身着民族服装的少数民族、丰富多彩的民族文化活动、壮观的梯田、富有特色的乡村旅游活动，共同构成了沙巴旅游的特色与吸引力。元阳旅游景观主体是梯田景观和哈尼民族文化，元阳哈尼梯田入选世界文化遗产，特色突出，其他旅游景观的品质则较为一般。因此，元阳目前的主要旅游产品以观光旅游产品和专业摄影旅游产品为主，产品结构相对较为单一。

（3）旅游市场结构方面

沙巴和元阳的游客市场结构基本上还是以国内游客为主，国外游客增长较快，但数量还比较少。从两地的国际旅游知名度和吸引力来讲，国外游客对沙巴的认知度相对较高，而云南元阳梯田只在一些国外专业摄影旅游者的心目中占有一席之地。从数据上看，2013 年越南老街省接待游客达 120 万人次，同比增长 32.9%，其中国际游客达 55.27 万人次，同比增长 47.1%；老街旅游总收入达 1.21 亿美元，同比增长 38.1%①。而沙巴是整个老街省旅游业较为发达的县份之一，2012 年接待国际旅游者 12.5 万人次，2014 年上半年，沙巴接待游客量已达 36.4654 万人次②。赴元阳的游客量也增长迅速，据统计，元阳梯田 2001 年游客量还仅仅只有 8.2 万人次，到 2013 年末，来元阳梯田旅游的游客量已达 107.38 万人次，年均增长率超 30%，客源市场以国内游客为主，省内游客占主导地位，调查显示，省内游客中昆明游客又占 30%，省外游客主要来自广东省、浙江省。国外客源以日本、法国游客所占比重最大。从游客的出游方式来看，自助游成为最主要的旅游方式，占到了 63.96%③。

---

① 2013 年老街省接待游客量达逾 120 万人次 [EB/OL]. 越共电子报，http://cn.cpv.org.vn/Modules/News_China/News_Detail_C.aspx?CN_ID=628862&CO_ID=28340435.

② 2014 年初至今老街接待游客量已达 80 多万人次 [EB/OL]. 越共电子报，http://cn.cpv.org.vn/Modules/News_China/News_Detail_C.aspx?CN_ID=657914&CO_ID=28340435.

③ 卢明强，陈丽军. 云南元阳哈尼梯田旅游市场特征研究 [J]. 安徽农业科学，2011，39(12)：7223-7225.

（4）旅游目的地建设和旅游综合服务设施方面

沙巴的旅游目的地建设已有较长时间，因此整个旅游地的旅游综合服务设施相对比较完备；而元阳旅游产业处于刚刚起步阶段，旅游综合接待设施条件比较差。例如：元阳的住宿设施中，仅有 9 个星级宾馆，而其中仅有 2 个三星级旅游宾馆，其他住宿设施在环境、特色、氛围等方面参差不齐，亟待改进；而沙巴则拥有不同档次的各类住宿设施，尤其是各类客栈旅馆供游客选择，目前有 162 家酒店，共 2500 间房，其中 47 家酒店达到了一至四星级标准。另外，沙巴整个城镇融旅游景观于城镇建设之中，各类型特色建筑、教堂、街道，加上遍布的各类酒吧、餐厅、旅游纪念品商店等，营造了具有特色的旅游氛围，能较好地满足旅游者的需求，因此沙巴的山地小城特色氛围和景观也是构成其旅游吸引力的重要组成部分；而元阳县城与梯田景观之间还有一定的距离，元阳县城并没有形成良好的山地旅游城镇景观吸引力。

5.5.4 沙巴模式对元阳哈尼梯田世界文化遗产地开发建设的启示

元阳哈尼梯田被正式批准列入世界文化遗产，其发展迎来了新的机遇与挑战，而与之相邻不远的越南沙巴已经有了 110 年的旅游地发展历程。从建设国际自助旅游目的地的视角，正好能为元阳哈尼梯田世界遗产地的旅游进一步发展和遗产地保护提供借鉴。

5.5.4.1 完善自助旅游目的地设施建设

从目前调查的情况看，前往元阳梯田游客的交通方式中自驾车比例达 36%，旅游方式主要为自助游，占 63.96%，自助旅游已经成为元阳旅游的主要模式。而目前元阳梯田遗产地的交通、住宿、餐饮条件都比较落后，无法满足游客的需求①。因此，在今后元阳梯田遗产地的旅游发展中，应该对自助旅游者的住宿、餐饮、旅游租车服务、户外停车位、野营地、道路和景区标识系统、游客咨询中心、摄影服务、景区资讯发布、无线网络等方面需求给予足够的重视，强化方便游客自助旅游的基础设施和服务设施建设，将元阳

① 卢明强，陈丽军．云南元阳哈尼梯田旅游市场特征研究［J］．安徽农业科学，2011，39（12）：7223-7225．

真正建成满足游客需求的国际自助旅游目的地。

5.5.4.2 打造国际山地旅游小镇品牌

在沙巴的旅游开发中，特别重视以沙巴为中心的旅游小镇和社区的整体发展，并与周边景区景点相互协调。因此，对元阳梯田遗产地来说，必须进一步强化其所依托的元阳老县城（新街镇）的旅游功能和氛围。要全力将新街镇打造为国际旅游山地小镇，营造独具特色的观光、休闲、度假的旅游氛围，为游客提供各类精品度假酒店、家庭旅馆、特色餐馆、咖啡店、酒吧、商店、传统手工艺品、节庆活动等休闲旅游设施和旅游产品，让游客在观赏感受梯田的壮观景色之余，也能在山地旅游小镇中享受休闲时光。

5.5.4.3 加强哈尼梯田旅游特色村寨建设

梯田风光、哈尼民俗组成了元阳典型的地域文化和旅游氛围，游客可以在不同的时间、天气和角度欣赏到不同的自然景观，也可以感受浓厚的哈尼民族文化和民俗风情，这也正是哈尼梯田文化景观遗产的魅力所在。因此，可在已经初具规模的箐口村、普高老寨、大鱼塘村、胜村等村寨的基础上，着力建设一批具有哈尼民族风情的特色旅游村寨，形成“游梯田、看云海、观日出、跳乐作、品长街宴、住蘑菇房、捉梯田鱼”的民族文化景观体验。重点需要完善与景区配套的道路、停车场、游客服务中心等基础设施建设，增强景区的可进入性；在村寨中加强民居体验、民间手工艺制作坊、村寨景观风貌和卫生环境的营造；在不影响村寨格局和风貌的前提下，可考虑建设哈尼传统蘑菇房形式的小型精品度假酒店，让游客既可以享受方便舒适的住宿，也可以亲近梯田景观，接触哈尼族日常生活的村寨环境，参与梯田农耕劳作，深入感受红河哈尼梯田的生态系统。

5.5.4.4 专注专项旅游产品

抓住元阳哈尼梯田世界遗产核心优势资源，在优化观光旅游产品和摄影专项旅游产品的基础上，提升旅游产品的品质，强调游客的优质旅游体验，打造观光、休闲、度假、文化、生态等优质旅游产品，并以浓郁的哈尼族风情构建梯田旅游的特色，在国内外众多梯田景观中独树一帜。同时，针对国内外目标市场加大宣传促销力度，积极拓展国内外客源市场，形成国际自助旅游目的地的多元化客源市场。

5.5.4.5 加大对世界文化遗产之旅的营销宣传力度

借助元阳哈尼梯田世界文化遗产的光环效应，积极推广世界文化遗产地的旅游品牌定位，打造元阳梯田在消费者心目中的品牌形象，从而建立其他旅游地难以超越的品牌优势。同时，通过多种营销宣传渠道，加大宣传力度，选择相应的传统媒体渠道（户外广告、电视、杂志等）投放广告进行宣传，更要利用移动互联网时代下的各类社交平台、新媒体、自媒体等放大宣传效应，并及时更新官方微博、微信公众平台的资讯。此外，还应结合哈尼族民间节日，举行大型旅游节庆活动，以及摄影大赛、微电影征集大赛、自行车骑行比赛等，扩大红河哈尼梯田的知名度。

5.5.4.6 加强遗产地梯田景观生态保护

梯田文化景观是哈尼人民耕种了上千年才形成的，是遗产地旅游开发与发展的基础。因此，科学有效的景观生态保护是遗产地持续发展最重要的方法和途径。要加强立法保护，增强政府、企业、游客、社区居民梯田保护意识，及时开展有效的耕种维护，从而使梯田遗产旅游具有可持续的生命力。同时，还应该大力推广梯田绿色有机生态农业，种植绿色生态农业产品，开展农业生态旅游，从而形成新的产业链延伸。

从国际自助旅游目的地建设的视角来审视世界文化遗产地元阳哈尼梯田的旅游建设与发展，越南沙巴的成功模式无疑是值得借鉴的。因此，按照国际自助旅游目的地的要求来完善、提升元阳哈尼梯田遗产地的基础设施和服务配套，营造国际山地旅游小镇的综合吸引力，丰富旅游产品类型，提升旅游体验品质，加大文化遗产之旅的宣传力度，有助于云南元阳哈尼梯田世界遗产地的建设发展。同时也必将有助于滇越国际旅游区域逐渐向着共生的理想模式发展。沙巴作为国际自助旅游目的地，其发展经验是有借鉴价值和推广意义的，中国云南和越南区域旅游合作要实现理想的对称性互惠共生状态，只有在旅游发展同步的前提下才更有可能实现。如果在借鉴沙巴模式的基础上，元阳自助旅游目的地的建设能够获得成功，在老街和云南边境相邻区域联合打造国际自助旅游目的地，就有可能进一步实现滇越相邻区域旅游资源的优势互补和优势叠加，产生更大的带动效应。

5.6 本章小结

本章是全书研究内容的一个综合运用，是基于国际旅游市场转型条件下的滇越国际旅游区域内关于自助旅游合作的实证研究。云南旅游业的发展由于管理体制、思维观念、资源类型等特点，各方面的条件并不具备典型的自助旅游目的地特征。然而，与中国云南毗邻的越南却在自助旅游市场方面有很好的发展，具备了典型自助旅游目的地的特征。本章通过对中国云南和越南当前在自助旅游方面进行合作的基础和现状进行比较，总结了双边发展自助旅游具有的优势和劣势，并以中国元阳和越南沙巴自助旅游目的地建设为例，探索自助旅游合作的途径和方式，期望能以己之长补彼之短，比照沙巴的自助旅游发展模式来建设元阳自助旅游目的地的各项要素，本着优势互补和优势叠加的旅游资源整合原则，共同扩展滇越边境区域高品位旅游资源聚集地的发展空间。

6　研究总结与展望

区域是当今社会经济发展的主要载体和依托，在全球经济飞速发展的前提下，东南亚的区域经济发展也备受关注。作为大湄公河流域的主体地区和国家，中国和越南的发展有着举足轻重的地位，这两个地域相邻、边境相连、文化相通、相互间有着千丝万缕联系的主体，如果能够在现有的基础上探索出一条在区域范围内通力合作的方法和途径，打破现有的格局，谋求更有利的发展，这必然与当前的局势、社会发展的要求相吻合。本研究正是基于这样的前提，选择国际旅游合作作为切入点，运用生物学上的共生理论，借助自然科学和社会科学研究领域的前沿方法，对滇越国际旅游区域合作问题进行了系统的研究，找到了一些规律，但同时也存在不足之处。

6.1 主要发现

在当今旅游业迅猛发展、旅游市场由卖方市场向买房市场转变的格局下，“共生”是区域旅游获得“双赢”或“多赢”的最有效的方式（钟俊，2001）。基于这个认知，本研究选择了共生理论作为本书研究的理论基础，通过研究揭示了跨国界旅游合作的一些规律。

6.1.1 旅游活动子系统各共生单元质参量具有兼容性

为了了解滇越国际旅游活动产生和发展的各个影响因素及其重要程度，我们针对区域内四大类型的旅游者进行了问卷调查，发现在旅游活动主体即旅游者层面，中国云南境内和越南境内现有的旅游客源群体和潜在的旅游客源群体都能够感知到中国云南与越南的地理区域关系，并清楚地知道中国云南与越南间的旅游通道，同时他们中有 1/3～1/2 的旅游者具有强烈的到中国云南或越南旅游的动机，存在互为旅游客源的可能，旅游主体在旅游知觉和旅游动机质参量上具有兼容性。旅游活动客体方面，在对中国云南和越南旅游资源进行对比以及问卷调查的基础上，我们发现区域内旅游资源价值或品位相当，图 4-2~图 4-5 的调查结果显示，不同地区或国家的同类旅游资源对旅游主体都具有很大的吸引力，表明旅游资源之间的关联性很强，因此，旅游客体的旅游资源价值和旅游资源关联度质参量具有兼容性。另外经过调查，在旅游活动介体方面，通过对旅游业六大要素的分析，在旅游产品设计、旅游交通线路、旅游服务方式等方面我们都发现了一定的相似性和关联性。同时，在旅游活动载体方面，我们也发现了中国云南和越南在地缘关系、历史背景、文化内在形成机制、政治体制等方面的相互影响和关联性。这些在旅游活动六大要素和地理环境、社会环境、政治环境等方面的高度的相似性和关联性预示了滇越国际旅游活动介体和载体子系统共生单元之间的质参量兼容性。

6. 1. 2　共生环境对共生关系的影响有明显的双向性

滇越国际旅游区域的地理环境带来的区位的便捷性、资源的集中性和互补性，以及技术环境带来的革命性突破，对旅游共生起到了非常明显的正向激励作用；而除此之外，区域的政治环境、人口环境、经济环境、社会环境、技术环境等都呈现出明显的双向性特征。由于国际局势的动荡性、复杂性和政策的难以持续性，使得区域的政治环境对区域旅游共生的作用走向两个极端，既可以起到最大的激励作用，也会起到最大的阻碍作用；旅游的发展需要多元文化、多民族文化元素，同时作为劳动密集型行业，旅游区域人口的数量、劳动力成本等因素反映研究区域人口环境，可带来正向的激励作用，而旅游地居民的特殊文化风俗、对旅游活动的感知、情绪、人口综合素质等也会成为旅游共生的障碍因素；区域经济环境对旅游动机、旅游消费行为、旅游产业结构有激励和阻碍作用；社会环境的双向影响最突出的就是文化的差异性和独特性，差异和独特产生强有力的吸引，差异太大、太独特可能导致不适应和安全感降低。

6.1.3 区域旅游市场的高速增长趋势

根据 MATLAB 和最小二乘法得到的关于中国云南和越南 2004—2013 年海外（国际）旅游人数和旅游外汇收入四组数据的拟合曲线规律，通过函数式计算出的区域未来海外（国际）旅游人数规模和旅游外汇收入显示，未来十年内，研究区域内的旅游主体共生系统的规模将按每年 12%~13%的比率递增，中国云南海外旅游人次数未来五年内将突破千万，越南国际旅游人次数未来三年内将突破千万，未来十年内有望突破两千万大关。旅游外汇收入未来五年内中国云南和越南将分别突破 50 亿美元和 150 亿美元大关。这一系列结果意味着区域旅游业在未来十年内将在现有的基础上实现飞速发展，如果我们能够把握机遇，有望乘着这股东风实现滇越国际区域旅游共生的一体化目标。

首先，在前人研究的基础上，以滇越国际旅游区域合作为研究对象，通过滇越国际旅游活动对旅游共生理论进行了完善，从滇越国际旅游区域旅游活动的主体、客体、介体和载体四个层面对二者的共生要素进行了系统的研究，详细分析了每一个层面的共生单元构成、目前的共生组织模式和行为模式、共生环境的多样性及其对滇越国际区域旅游产生的影响，以及滇越国际旅游区域旅游共生的基本条件等。

其次，研究了滇越国际旅游合作的五大共生机制。之前的研究对旅游共生的本质要素，即共生单元、共生模式和共生环境的分析不够深入，多半流于形式。旅游业是一个庞大而复杂的产业，涉及社会诸多领域和诸多行业，因此旅游共生单元、共生模式和共生环境也具有相当的复杂性，在不同的界面上，会产生不同的共生单元，它们之间相互作用的不同会导致共生模式不同，同时在共生环境的不断变化和影响下，又形成新的共生模式。如果能够选取一至两个旅游地，针对该区域的旅游活动，对旅游共生的本质要素进行深入探讨，必定会有新的收获。

最后，在现有的研究成果中，绝大部分学者在旅游共生方面的研究多半都局限于定性方面，在所收录的文献中，这样的文献占到了 95%以上，而定量研究的部分还不足 5%。其实通过对共生单元质参量和象参量的分析可知，共生模式中的共生度、共生系数、关联度、亲近度、同质度、共生密度、共生维度等及共生环境中的共生能量函数都可以借助定量研究的方法获得更进一步的研究结果。因此，在定量方面的研究探索仍然值得期待。

6.2 理论贡献

本研究在理论方面的贡献主要是对原有的共生理论和旅游理论内容的延伸和拓展，丰富了原有理论体系的内涵，也是对旅游共生理论的一种补充和完善。

6.2.1 构建滇越国际区域旅游共生系统

本研究分“面”“线”“点”三个层次来构建滇越国际区域旅游共生系统：

第一层次，“面”共生系统，即旅游活动共生系统，这是最大的一个共生系统，囊括了旅游活动的各方各面。

第二层次，“线”共生系统，包括四个二级共生系统，按照旅游活动的“四体说”（杨桂华，2010）理论划分，主体、客体、介体、载体各为一个独立的共生系统，有各自独立的共生单元，这一层次即为本书选取的研究对象。

第三层次，“点”共生系统，包括若干个三级共生系统，同样有各自独立的共生单元。

6.2.2 明确旅游共生单元及其参量指标

根据所构建的旅游共生系统，本研究进一步明确了各层次共生系统的共生单元及相关的参量指标。

一级系统：旅游活动共生系统，共生单元为旅游活动主体（旅游者）、旅游活动客体（旅游资源）、旅游活动介体（旅游业）和旅游活动载体（旅游环境）。

二级系统：旅游主体子系统，其共生单元为区域内的全部旅游者，包括中国云南境内的中国旅游者、越南旅游者和该区域内的第三国旅游者；旅游客体子系统，其共生单元为区域内所有自然旅游资源和人文旅游资源的总和；旅游介体子系统，其共生单元为区域内使旅游活动得以开展所依赖的国际旅游业的六大要素，即食、宿、行、游、购、娱；旅游载体子系统，其共生单元为区域内保障旅游活动得以顺利进行的各环境要素，即地理环境、政策环境、人口环境、经济环境、社会环境、技术环境等。

三级系统：由二级系统下面各个共生单元独立形成的系统，数量有若干个，如旅游交通子系统，其共生单元为各种旅游交通线路、旅游交通工具等。

6.2.3 阐述滇越国际区域二级共生系统的现有共生模式

旅游主体共生系统，其共生单元之间的共生组织模式为间歇性共生模式，共生行为模式为非对称性互惠共生模式，即 S_{32}（M_2，P_3）模式。

旅游客体共生系统，其共生单元之间的共生组织模式为连续性共生模式，共生行为模式为非对称性互惠共生模式，即 S_{33}（M_3，P_3）模式。

旅游介体共生系统，其共生单元之间的共生组织模式为连续性共生模式，共生行为模式为非对称性互惠共生模式，即 S_{33}（M_3，P_3）模式。

旅游载体共生系统，其共生单元之间的共生组织模式为连续性共生模式，共生行为模式为非对称性互惠共生模式，即 S_{33}（M_3，P_3）模式。

6.2.4 创建滇越国际区域旅游共生机制

滇越国际区域旅游合作共生机制包括五大方面：资源整合机制、品牌共建机制、利益均衡机制、决策共商机制、一体化发展机制。

6.3 实践意义

本书尝试选择了自助旅游活动作为共生界面，对中国云南和越南的国际旅游共生合作进行了选点研究。在对国际旅游市场的转型与发展进行分析的基础上，对比了滇越自助旅游合作的背景、自助旅游目的地建设现状、滇越自助旅游合作的优势和劣势，最后选取了云南元阳和越南沙巴两个具有相似性资源特征的旅游目的地来进行共生机制的实证研究，以检验共生机制的实用性和可操作性，以期能够将本书研究的成果真正用于跨国界区域旅游的合作，实现预期的目标。

6.4 不足之处

本书研究尽管按照理论研究和实证研究的要求和步骤一一论证，但仍然存在很多不足之处，样本数据得出的结论还存在局限性。

首先，本书的研究是基于一个理想的状态去假设和分析的，这个前提就是双方都是友好的，愿意为共同的目标去努力，虽然也提及滇越国际旅游合作方面的阻碍因素，但并没有系统地分析目前滇越国际区域旅游合作所面临的障碍有哪些，要如何处理和化解。

其次，在调查地点和调查对象的选择上也存在一定的局限性，样本的覆盖区域不够，越南的样本大部分集中在老街省，没有其他省份或城市的样本，样本量也偏小，虽然设计了 8 类问卷，但真正有效回收的问卷只有 7 类，在越南调查的到过中国云南的外国人这一样本的问卷回收为零，这些或多或少都影响了问卷数据的准确性和真实性。

最后，对共生机制实施的实证研究才刚开始，尚未取得实质性的进展，因此，本书中所提出的五大共生机制还未能得到实践的检验。

6.5 研究展望

本书研究的不足之处前面已经做了阐述，这里主要为未来的研究指明方向。在今后的实践中，可从以下几个方面做进一步研究：

（1）共生系统构建的选点研究

共生系统的构建，就是为了尝试在现实的旅游实践中实现多维度的合作，因此，在滇越国际旅游区域范围内，可尝试选择不同的点进行共生系统的构建和研究，包括了解其共生要素之间的相互关系，深入探讨反映共生单元之间内在特征的质参量和反映外部特征的象参量之间的内在关联性和可控性，为合作找到现实的方法和途径。

（2）共生关系的动态研究

共生环境的变化会直接导致共生单元发生变化，进而改变共生模式，使整个共生关系发生变化；反过来，整个共生关系的变化又会引起环境的变化，而我们所面临的环境从来就不是一成不变的，因此，对共生关系的动态研究是非常必要和有价值的。

（3）一体化共生的途径研究

最理想的共生模式是在组织层面上达到一体化共生，在行为层面上达到对称性互惠共生。要如何才能实现一体化和对称性互惠，这是所有共生理论要解决的终极目标，因此，对达到这一理想状态的途径和方法的研究非常重要。

附录　调查问卷

滇越国际旅游区域旅游者意愿及满意度调查

尊敬的女士/先生：

十分感谢您参与本次问卷调查。我们是来自中国云南大学的研究团队，本次问卷调查旨在了解滇越国际旅游区域内旅游者意愿及满意度。调查结果仅供科研使用，且采取不记名的形式，请根据您本人的真实意愿填写。

问卷填写方法：请根据您本人真实意愿，在您认为最适合的选择上打钩"√"

第一部分：您的旅游偏好

1. 您比较喜欢的旅游方式是什么？

□跟旅行团旅游　□自助游　□半自助游

2. 您平均每年安排几次出境旅游？

□1次以下　□1~2次　□3~5次　□5次以上

3. 您出境旅游一般安排多长时间？

□一周以内　□半个月　□一个月　□一个月以上

4. 在旅行过程中，您比较喜欢哪种交通工具？

□飞机　□火车　□汽车　□船　□其他

5. 您平常通过什么渠道了解旅游信息（可多选）？

□旅行社　□朋友　□旅行书籍或杂志　□网络
□电视节目　□大型旅游促销宣传活动　□其他

6. 您的旅游同伴一般是谁（可多选）？

□朋友　□情侣或配偶单独　□家人　□旅游团成员
□独自旅游

第二部分：您的基本信息

1. 您的性别。

□男　□女

2. 您的年龄。

□10 岁以下　□10~20 岁　□20~30 岁　□30~40 岁
□40~50 岁　□50~60 岁　□60 岁以上

3. 您的年平均收入。

□ 3 万元人民币以下　□ 3 万~5 万元人民币
□ 5 万~8 万元人民币　□ 5 万~10 万元人民币
□ 10 万~20 万元人民币　□ 20 万~50 万元人民币
□ 50 万元人民币以上

4. 您来自哪里？ ________________（请填写您所在国家和省份名称）

5. 您的受教育程度。

□研究生及以上　□大学　□高中　□初中及以下

6. 您的职业。

□政府职员　□企业事业职员　□商务人员　□服务人员
□专业技术人员　□工人　□农民　□教师
□学生　□离退休人员　□暂时无业　□军人
□其他

第三部分：旅游意愿调查

1. 您是否想到滇越国际旅游区域（包括中国云南省和越南各省）旅游？

□十分不想去　　□不想去　　□一般　　□想去　　□十分想去

2. 您是否知道可以从中国云南省进入越南或者从越南进入中国云南省旅游？

□知道　　□不知道

3. 中国云南省和越南有边境国际口岸相通，且有飞机直航。通过以下方式可以实现滇越区域跨境旅游，您是否会选择？

方式	内容	一定不会	不会	一般	会	一定会
陆路	A. 中国河口口岸—越南老街口岸	1	2	3	4	5
	B. 中国天保口岸—越南清水河口岸	1	2	3	4	5
	C. 中国金水河口岸—越南莱州口岸	1	2	3	4	5
航空	A. 中国昆明直飞越南河内	1	2	3	4	5
	B. 中国昆明直飞越南岘港	1	2	3	4	5
	C. 中国其他城市出发经由昆明转机到达越南	1	2	3	4	5

4. 以下因素对您决定到滇越国际旅游区域旅游的影响程度有多大？

项目	内容	十分不重要	不重要	一般	重要	十分重要
交通	A. 到达中越边境各口岸的便利度	1	2	3	4	5
	B. 从中越边境口岸前往各旅游地的便利度	1	2	3	4	5
	C. 搭乘飞机的便利度	1	2	3	4	5
	D. 滇越国际旅游区域内各旅游地内部交通便利度	1	2	3	4	5

续表

项目	内容	十分不重要	不重要	一般	重要	十分重要
出入境	A. 取得签证的难易程度	1	2	3	4	5
	B. 边境口岸通关手续复杂程度	1	2	3	4	5
	C. 边境通关安全性	1	2	3	4	5
	D. 边境旅游政策稳定性	1	2	3	4	5
其他因素	请填写：	1	2	3	4	5

5. 您选择滇越国际旅游区域作为旅游目的地的影响因素是哪些？

项目	内容		十分不重要	不重要	一般	重要	十分重要
旅游资源	A. 丰富性		1	2	3	4	5
	B. 独特性		1	2	3	4	5
	C. 审美价值		1	2	3	4	5
	D. 可体验性		1	2	3	4	5
	E. 节庆活动		1	2	3	4	5
旅游服务	公共服务设施完善程度		1	2	3	4	5
	旅行社服务水平		1	2	3	4	5
	旅游信息易获取程度		1	2	3	4	5
	餐饮	A. 种类的丰富程度	1	2	3	4	5
		B. 口味的可适应性	1	2	3	4	5
	酒店	A. 酒店档次	1	2	3	4	5
		B. 酒店数量	1	2	3	4	5
		C. 酒店品牌	1	2	3	4	5
		D. 预定便捷程度	1	2	3	4	5
	旅游从业人员服务水平	A. 餐饮服务	1	2	3	4	5
		B. 酒店服务	1	2	3	4	5
		C. 导游服务	1	2	3	4	5

续表

项目	内容	十分不重要	不重要	一般	重要	十分重要
价格	A. 出发地到旅游目的地的交通价格	1	2	3	4	5
	B. 区域内景区门票价格	1	2	3	4	5
	C. 区域内部交通价格	1	2	3	4	5
	D. 区域内旅游住宿价格	1	2	3	4	5
	E. 区域内旅游餐饮价格	1	2	3	4	5
	F. 区域内旅游购物价格	1	2	3	4	5
社会与文化	A. 区域内旅游目的地与您的常住地的文化差异性	1	2	3	4	5
	B. 旅游环境的安全性	1	2	3	4	5
其他因素	—	1	2	3	4	5

6. 在以下滇越国际旅游区域内的主要旅游目的地中，您想去的程度有多大？

地点	十分不想去	不想去	一般	想去	非常想去
河内	1	2	3	4	5
下龙湾	1	2	3	4	5
沙巴	1	2	3	4	5
顺化	1	2	3	4	5
会安	1	2	3	4	5
岘港	1	2	3	4	5
芽庄	1	2	3	4	5
大叻	1	2	3	4	5
美奈	1	2	3	4	5
胡志明市（西贡）	1	2	3	4	5
富国岛	1	2	3	4	5
老街（河口口岸）	1	2	3	4	5
清水河（天保口岸）	1	2	3	4	5
莱州（金水河口岸）	1	2	3	4	5

续表

地点	十分不想去	不想去	一般	想去	非常想去
昆明	1	2	3	4	5
香格里拉	1	2	3	4	5
大理	1	2	3	4	5
丽江	1	2	3	4	5
西双版纳	1	2	3	4	5
元阳梯田	1	2	3	4	5
普者黑	1	2	3	4	5
腾冲	1	2	3	4	5
河口县	1	2	3	4	5
麻栗坡县	1	2	3	4	5
金平县	1	2	3	4	5
其他	1	2	3	4	5

7. 未来多长时间内您会计划去滇越国际旅游区域内旅游？

□一个月内　　□半年内　　□一年内　　□三年至五年　　□五年以上

第四部分：旅游满意度调查

1. 请选择您在滇越国际旅游区域的旅游经历的期望值和满意度。

旅游前的期望值　1=非常不重要　2=不重要　3=一般　4=高　5=非常高

旅游后的满意度　1=非常不满意　2=不满意　3=一般　4=满意　5=非常满意

一、旅游资源		旅游前的期望程度	旅游后的满意程度
旅游资源	A. 丰富性	1　2　3　4　5	1　2　3　4　5
	B. 独特性	1　2　3　4　5	1　2　3　4　5
	C. 审美价值	1　2　3　4　5	1　2　3　4　5
	D. 可体验性	1　2　3　4　5	1　2　3　4　5
	E. 节庆活动	1　2　3　4　5	1　2　3　4　5

续表

二、旅游服务		旅游前的期望程度	旅游后的满意程度
公共服务设施完善程度		1　2　3　4　5	1　2　3　4　5
旅行社服务水平		1　2　3　4　5	1　2　3　4　5
旅游信息易获取程度		1　2　3　4　5	1　2　3　4　5
餐饮	A. 种类的丰富程度	1　2　3　4　5	1　2　3　4　5
	B. 口味的可适应性	1　2　3　4　5	1　2　3　4　5
住宿	A. 酒店档次	1　2　3　4　5	1　2　3　4　5
	B. 酒店数量	1　2　3　4　5	1　2　3　4　5
	C. 酒店品牌	1　2　3　4　5	1　2　3　4　5
	D. 预订便捷程度	1　2　3　4　5	1　2　3　4　5
旅游从业人员服务水平	A. 餐饮服务	1　2　3　4　5	1　2　3　4　5
	B. 酒店服务	1　2　3　4　5	1　2　3　4　5
	C. 导游服务	1　2　3　4　5	1　2　3　4　5
三、可进入性		旅游前的期望程度	旅游后的满意程度
A. 出发地到旅游目的地的可进入性		1　2　3　4　5	1　2　3　4　5
B. 区域内部交通通达性		1　2　3　4　5	1　2　3　4　5
四、价格		旅游前的期望程度	旅游后的满意程度
A. 出发地到旅游目的地的交通价格		1　2　3　4　5	1　2　3　4　5
B. 区域内景区门票价格		1　2　3　4　5	1　2　3　4　5
C. 区域内部交通价格		1　2　3　4　5	1　2　3　4　5
D. 区域内旅游住宿价格		1　2　3　4　5	1　2　3　4　5
E. 区域内旅游餐饮价格		1　2　3　4　5	1　2　3　4　5
F. 区域内旅游购物价格		1　2　3　4　5	1　2　3　4　5
五、社会与文化		旅游前的期望程度	旅游后的满意程度
A. 区域内旅游目的地与您的常住地的文化差异性		1　2　3　4　5	1　2　3　4　5
B. 区域内旅游环境的安全性		1　2　3　4　5	1　2　3　4　5
六、出入境便利度		旅游前的期望程度	旅游后的满意程度
A. 取得签证的难易程度		1　2　3　4　5	1　2　3　4　5
B. 边境口岸通关手续复杂程度		1　2　3　4　5	1　2　3　4　5

续表

六、出入境便利度	旅游前的期望程度	旅游后的满意程度
C. 边境通关的安全性	1　2　3　4　5	1　2　3　4　5
D. 边境政策的稳定性	1　2　3　4　5	1　2　3　4　5
七、其他因素	旅游前的期望程度	旅游后的满意程度
	1　2　3　4　5	1　2　3　4　5

3. 请您对滇越国际旅游区域旅游作出评价。

指标项	1 否定（不好、不会）←——→ 5 肯定（好、会）				
对区域内旅游的总体评价	1	2	3	4	5
会向朋友推荐旅游线路	1	2	3	4	5
重游的可能性	1	2	3	4	5

4. 如果您不会再到滇越国际旅游区域旅游，请选择原因（可多选）。

□不好的旅游体验　□语言、风俗等文化障碍　□没有时间

□没有预算　□其他

——完。非常感谢您的合作！——

参考文献

[1] 洪黎民．共生概念发展的历史、现状及展望 [J]．中国微生态杂志，1996 (4)：50-54.

[2] 钟俊．共生：旅游发展的新思路 [J]．重庆师专学报，2001 (3)：17-19.

[3] 王东红．共生理论视角下的区域旅游资源整合研究 [J]．焦作大学学报，2009 (4)：56-58.

[4] 毛荐其，刘娜，陈雷．技术共生机理研究——一个共生理论的解释框架 [J]．自然辩证法研究，2011 (6)：36-41.

[5] 齐宇，李慧明．基于共生理论的产业共生构成要素分析——以滨海新区泰达生态产业园区为例 [J]．现代财经，2009 (3)：57-60.

[6] 李文祥，郑耀星．基于共生理论的福建省旅游资源整合研究 [J]．青岛酒店管理职业技术学院学报，2010 (3)：29-33.

[7] 冯艳滨，李鑫．大包山生态旅游发展中的人鹤共生模式演化分析 [J]．旅游研究，2011 (2)：28-33.

[8] 纪金雄，陈秋华．生态旅游利益相关者共生机制研究 [J]．现代农业，2009 (6)：109-112.

[9] 吴世辉．旅游共生机制研究 [J]．和田师范专科学校学报（汉文综合版），2008 (3)：184-185.

[10] 邹统钎，陈序桄．乡村旅游经营者共生机制研究——以北京市怀柔区北宅村为例 [J]．北京第二外国语学院学报，2006 (9)：67-73.

[11] 高科，刘海洋．吉林省红色旅游共生发展模式研究 [J]．资源开发与市场，2012 (9)：858-860.

［12］王凯．旅游开发中的“边界共生”现象及其区域整合机制［J］．开发研究，2004（1）：42-44.

［13］赵娇娇，方旭红．基于共生理论的厦金旅游合作分析［J］．江西科技师范学院学报，2012（1）：77-80.

［14］李海珊．产业集群与区域物流的共生模式研究［J］．现代商业，2010（36）：74-75.

［15］吴泓，顾朝林．基于共生理论的区域旅游竞合研究——以淮海经济区为例［J］．经济地理，2004（1）：104-109.

［16］纪金雄．基于共生理论的古村落旅游利益协调机制研究——以武夷山下梅村为例［J］．江西农业大学学报（社会科学版），2011（2）：124-130.

［17］吴更敏，王力峰．基于“共生理论”的旅游区可持续发展评价指标体系的构建［J］．沿海企业与科技，2008（5）：122-125.

［18］陈学强，刘潇，杨超．基于共生理论的广西北部湾经济区旅游竞合研究［J］．沿海企业与科技，2009（5）：79-81.

［19］王佳，陈冰冰．基于共生理论的河北省旅游空间结构的优化研究——以唐山、秦皇岛、沧州为例［J］．黑龙江对外经贸，2011（1）：123-132.

［20］朱德亮，张瑾．基于共生理论的桂黔湘边区民族旅游竞合模式研究［J］．广西民族研究，2012（4）：185-192.

［21］张健华，余建辉，洪元程．基于共生理论的闽台旅游合作机制研究［J］．福建农林大学学报（哲学社会科学版），2008（1）：58-61.

［22］陈玉涛．基于共生理论的黄河三角洲区域旅游合作研究［J］．中国石油大学学报（社会科学版），2011（5）：28-34.

［23］朱俊成．基于共生理论的区域多中心协同发展研究［J］．经济地理，2010（8）：1272-1277.

［24］黄小梅．基于共生理论的闽西旅游合作机制的探索［J］．闽西职业技术学院学报，2010（2）：5-8.

［25］曾艳芳，梁海燕．基于共生理论的闽台旅游产业竞合模式［J］．重庆理工大学学报（社会科学版），2012（2）：21-24.

［26］郑智，刘文辉．基于共生理论的鄱阳湖生态经济区旅游竞合研究

[J]. 金融与经济，2010（6）：88-89.

[27] 绿维. 湖泊旅游生态化共生模式——以郑州雁鸣湖生态文明示范区总体规划为例 [J]. 中国乡镇企业，2012（12）：72-74.

[28] 苏章全，李庆雷，明庆忠. 基于共生理论的滇西北旅游区旅游竞合研究 [J]. 山西师范大学学报（自然科学版），2010（1）：98-103.

[29] 朱俊成. 基于共生理论的区域合作研究——以武汉城市圈为例 [J]. 华中科技大学学报（社会科学版），2010（3）：92-97.

[30] 冷志明，易夫. 基于共生理论的城市圈经济一体化机理 [J]. 经济地理，2008（3）：433-436.

[31] 吴更敏，王力峰. "共生理论"在旅游区可持续评价中的应用初探 [J]. 桂林旅游高等专科学校学报，2008（1）：96-102.

[32] 纪金雄. 古村落旅游核心利益相关者共生机制研究 [J]. 华侨大学学报（哲学社会科学版），2011（2）：52-59.

[33] 张广海，陈冉. 旅游景区利益相关者共生机制研究 [J]. 经济研究导刊，2011（24）：178-194.

[34] 唐仲霞，马耀峰，魏颖. 青藏地区入境旅游共生关系检验研究 [J]. 干旱区地理，2012（4）：671-677.

[35] 白凯，孙天宇. 旅游景区形象共生互动关系研究——以西安曲江唐文化旅游区为例 [J]. 经济地理，2010（1）：162-176.

[36] 周茜茜，李伟. 民族文化遗产地的文化传承与旅游经营的共生关系——以西江千户苗寨为例 [J]. 经营管理者，2011（18）：9.

[37] 周勇. 三农与乡村旅游共生关系研究 [J]. 市场周刊，2013（9）：8-9.

[38] 姜坤，章锦河，王浩. 大别山"边界共生"旅游开发模式研究 [J]. 云南地理环境研究，2007（2）：133-136.

[39] 唐仲霞，马耀峰，陈蓉，何明花. 青藏地区入境旅游流共生态势研究 [J]. 青海师范大学学报（自然科学版），2011（4）：29-33.

[40] 孙长青，孙冬玲. 长江三角洲区域旅游合作系统的共生单元分析 [J]. 中国商贸，2012（22）：188-189.

［41］郭旸．共生型跨区域旅游空间融合的 CAS 动态演化机制研究［J］．现代城市研究，2012（2）：33-36.

［42］许辉春．共生理论下的旅游产业集群发展机理研究［J］．商业时代，2012（30）：125-126.

［43］申秀英，卜华白．中国古村落旅游企业的“共生进化”研究——基于共生理论的一种分析［J］．经济地理，2006（2）：322-325.

［44］弓志刚，李亚楠．乡村旅游产业链共生系统的特征及模式的演化和构建——以山西省为例［J］．农业现代化研究，2011（1）：73-77.

［45］曾群洲，陈艳．边界共生旅游产品开发机制研究——以江西大余为例［J］．中国商界，2009（10）：216-217.

［46］刘丽，赵磊，冯学钢．区际入境旅游流动态共生态势研究——以东部三大典型旅游区为例［J］．北京第二外国语学院学报，2010（5）：45-52.

［47］刘宁，张广海．遗产保护与旅游开发利用的协调共生机制研究［J］．青岛酒店管理职业技术学院学报，2011（4）：6-19.

［48］韩新明，王波．产业生态网络视阈下旅游企业共生机制构建［J］．商业时代，2011（31）：120-121.

［49］姜太芹．边境古镇的文化空间透视与旅游共生空间塑造——以云南和顺古镇为例［J］．乐山师范学院学报，2011（12）：38-41.

［50］姬梅，朱普选，章杰宽．拉萨旅游产品开发的共生分析［J］．经济问题探索，2012（3）：187-190.

［51］毛攀云．影视湘西：想象共同体及其与湘西旅游的共生发展［J］．经济地理，2013（5）：165-167.

［52］郭文，王丽．影视型主题公园旅游开发“共生”模式研究及其产业聚落诉求——以央视无锡影视基地为例［J］．旅游学刊，2008（4）：64-71.

［53］龙凌．长株潭城市群红色旅游最优化共生发展研究［J］．财务与金融，2011（1）：91-95.

［54］王金伟，王士君．黑色旅游发展动力机制及“共生”模式研究［J］．经济地理，2010（2）：339-344.

［55］储德平．红色旅游与生态经济共生发展模式探讨——以福建省为例

[J]. 福建省社会主义学院学报，2012（6）：75-78.

[56] 郭喜梅，李伟，李庆雷，邓阿岚. 社区参与视角下的民族旅游地发展共生机制研究——以西双版纳傣族园为例 [J]. 中国集体经济，2012（18）：136-138.

[57] 刘丽，李强. 高黎贡山中部多民族共生区的旅游开发与保护——基于文化生态视野的分析 [J]. 科技信息，2009（6）：666-667.

[58] 谭晓静. 共生视角下民族地区文化旅游发展研究 [J]. 黑龙江民族丛刊（双月刊），2011（6）：85-88.

[59] 郭永昌. 乡村社区——旅游景区共生模式研究 [J]. 资源开发与市场，2011（2）：187-189.

[60] 欧阳勇锋，谈燕君. 乡村旅游规划的共生与有机更新途径——以南宁市伶俐镇渌口坡乡村旅游规划为例 [J]. 旅游论坛，2009（8）：521-529.

[61] 马斌，宋顺清. 热带农业与热带旅游业的共生发展模式 [J]. 资源开发与市场，1996（4）：186-188.

[62] 李向农，丁艳平. 旅游经济与生态环境共生互动模式研究 [J]. 经济师，2007（10）：244-245.

[63] 龙茂兴，王华. 论湘西州文化生态与旅游经济共生模型的构建 [J]. 民族论坛，2012（11）：92-97.

[64] 何湘波. 关于郴州旅游与农业共生发展问题的思考 [J]. 湘南学院学报，2004（1）：107-110.

[65] 张春琳，邓小艳. 大别山革命老区经济社会发展试验区区域旅游发展战略——机遇共生理论视角 [J]. 经济研究导刊，2012（26）：102-112.

[66] 闫红霞. 跨界旅游：文化共生视野下的中国与东南亚 [J]. 社会科学家，2012（8）：72-75.

[67] 孙振杰，董国英，李秀娥. 京津冀旅游协作共生共赢研究 [J]. 合作经济与科技，2012（19）：23-24.

[68] 李刚. 东北亚区域国际旅游协同机制研究 [J]. 旅游科学，2008（2）：20-26.

[69] 朱俊成. 长三角地区多中心及其共生与协同发展研究 [J]. 公共管

理学报，2010（4）：39-48.

［70］马勇，何莲．鄂西生态文化旅游圈区域共生——产业协调发展模式构建［J］．湖北社会科学，2010（1）：69-72.

［71］刘云．共生理论视角下“孟中印缅旅游圈”区域旅游合作研究［J］．学术探索，2013（6）：35-38.

［72］肖扬．桂西南区域旅游合作竞争创新模式研究——基于共生理论［J］．消费导刊，2009（3）：1.

［73］郑治伟．基于共生理论的成渝旅游合作机理研究［J］．商业时代，2011（20）：130-132.

［74］王晓丽，杨佩群．基于共生理论的潮汕区域旅游合作模式研究［J］．2012（23）：69-71.

［75］孙振杰，高宏，刘丽华．京津冀旅游共生的判读与优化措施研究［J］．商业时代，2012（15）：133-134.

［76］丁艳平．关中天水经济区旅游共生系统的构建研究［J］．特区经济，2010（1）：171-173.

［77］韩芳，帕尔哈提·艾孜木．基于共生理论的区域旅游资源整合的动力机制研究——以南疆五地州旅游资源整合为例［J］．新疆师范大学学报（自然科学版），2006（3）：255-258.

［78］王小辉，韦鑫，雷可为．基于共生理论的西安旅游城市群资源整合研究［J］．科技信息，2013（5）：47.

［79］韩芳，吴淼，帕尔哈提·艾孜木．基于共生思想的新疆旅游资源整合研究［J］．新疆师范大学学报（自然科学版），2005（3）：251-254.

［80］丁艳平，李向农．基于共生理论的西部生态旅游可持续发展研究［J］．特区经济，2008（10）：217-218.

［81］牟红，班倩倩．基于美景价值原生性分析的长江三峡旅游共生体解构研究［J］．西南师范大学学报（自然科学版），2012（9）：61-67.

［82］陈国胜，张瀚文，赵晓军．基于共生理论视角的区域旅游“竞合”模式研究——以湘黔渝川边缘地区民俗生态旅游发展为例［J］．荆楚学刊，2013（3）：61-63.

［83］陈国生，张瀚文，肖晶．基于共生理论的武陵山区区域旅游产业“竞合”模式研究［J］．湖南环境生物职业技术学院学报，2012（4）：49–52.

［84］甄丽君．基于共生理论的皖江城市带区域旅游竞合研究［J］．湖北经济学院学报（人文社会科学版），2013（4）：49–50.

［85］毛长义，张述林，田万顷．基于区域共生的古镇（村）旅游驱动模式探讨——以重庆16个国家级历史文化名镇为例［J］．重庆师范大学学报（自然科学版），2012（5）：71–77.

［86］邓小艳．基于共生理论视角探讨恩施州“清江山水旅游走廊”的构建［J］．湖北社会科学，2010（1）：73–76.

［87］袁尧清，文红．区域旅游共生均衡形成路径探讨［J］．对策研究，2012（2）：153–160.

［88］赵得成．基于治沙和旅游互为共生的地域性旅游模式设计［J］．商业时代，2012（4）：129–130.

［89］陈小辉，樊海强．基于共生思想的风景旅游地城市规划设计模式——以武夷山市北城新区为例［J］．福州大学学报（自然科学版），2012（6）：782–786.

［90］黄忠伟．基于共生视角下广西乡村旅游跨行业合作研究［J］．旅游管理研究，2013（11）：40–42.

［91］徐虹，李筱东，吴珊珊．基于共生理论的体育旅游开发及其利益协调机制研究［J］．旅游论坛，2008（2）：207–212.

［92］胡丽芳，周玲．行政区旅游资源争议现象初探［J］．广州大学学报（社会科学版），2004（1）：256–266.

［93］李刚，周加来．共生理论视角下的区域合作研究——以成渝综合试验区为例［J］．兰州商学院，2008（3）：39–45.

［94］成竹，陈伟．基于国际旅游合作视角的自助旅游目的地比较研究［J］．广西经济管理干部学院学报，2014（4）：91–98.

［95］陈伟，成竹．云南元阳哈尼梯田世界遗产地旅游发展研究［J］．旅游研究，2015（1）：22–27.

［96］J. Deng，B. King，T. Bauer. Evaluating natural attractions for tourism

[J]. Annals of Tourism Research, 2002.

[97] E. Uddhammar. Development, conservation and tourism: Conflict or symbiosis? [J]. Review of International Political Economy, 2006.

[98] L. Zhi-ming, Y. I. Fu. Cooperating mechanism of city circle economy integration based on symbiosis theory [J]. Economic Geography, 2008.

[99] March Roger, Wilkinson Ian. Conceptual tools for evaluating tourism partnerships [J]. Tourism management, 2009 (3): 455-462.

[100] Keitumetse Susan. Cultural Resources as Sustainability Enablers: Towards a Community-Based Cultural Heritage Resources Management Model [J]. Sustainability, 2014 (1): 70-85.

[101] Yan Tao. A brief discussion on driving factors of transnational tourism cooperation [C]. 7th Euro-Asian Conference on Corporate Social Responsibility and Environmental Management. Freiberg, Germany, AUG 25-27, 2011: 27-30.

[102] D. Fennell, D. Weaver. The ecotourium concept and tourism-conservation symbiosis [J]. Journal of Sustainable Tourism, 2005.

[103] R. Yang, J. Zheng, J. Cheng. Study on the Structure Models of Regional Tourism Cooperation [J]. Geography and Geo-Information, 2005.

[104] B. Prideaux, C. Cooper. Marketing and destination growth: A symbiotic relationship or simple coincidence? [J]. Journal of Vacation Marketing, 2003.

[105] A. Uzama. Marketing Japan's travel and tourism industry to international tourists [J]. International Journal of Contemporary Hospitality, 2009.

[106] M. A. Bo. Transition of tourism industry and regional cooperation—on advancing tourism cooperation among China, Japan and Korea [J]. Tourism Tribune, 2007.

[107] Liudlv Bin. Research on the tourism cooperation mechanism of cross-border cities [J]. Urban Problems, 2009.

[108] N. Kim, B. E. Wicks. Rethinking tourism cluster development models for global competitiveness [EB/OL]. http://scholarworks.umass.edu, 2010.

[109] ADATasci, B. Denizci. Fashionable hospitality: A natural symbiosis for

Hong Kong's tourism industry? [J]. International Journal of Hospitality Management, 2010.

[110] T. B. Jamal, D. Getz. Collaboration theory and community tourism planning [J]. Annals of Tourism Research, 1995.

后　记

对滇越国际旅游合作的主题研究缘于一次说走就走的旅行。那一次，我和我的导师吕宛青教授从昆明自驾至河口，办理边境通行证从河口口岸出关，到老街，在沙巴避暑、观梯田、考察村民参与旅游接待，造访河内，游览下龙湾，再沿北向南，探访古都顺化、会安古城，之后沿海岸线一路经岘港、归仁、芽庄，最后到达西贡。在访问了越南大部分热点旅游城市及旅游目的地之后，我们发现，其实越南的旅游从资源上、路径上、文化上都能够与我国云南形成很好的互补，如果双方能够推进有效的合作，必将能够为彼此的旅游业发展开启一片新的空间。

在这样的想法支撑下，我们进一步申请到了教育部人文社会科学研究基金青年项目的支持，获得了题为“多重利益诉求目标下的中越国际旅游合作共生协同机制研究”的研究课题，终于开始了关于滇越国际旅游合作的研究，并在此基础上顺利完成了博士学位论文。本书即该项目的主要研究成果之一。在近四年的研究中，前前后后大小事宜得到了云南省旅游发展委员会、越南老街省旅游局等多个部门的支持，也得到了我们学院各位同仁、越南籍研究生的相助，使我们的工作得以顺利开展并最终完成，在此我谨代表课题组全体成员向各位表示衷心的感谢!

由于本人研究水平有限，本书中认知不到位和不足之处还请各位学术界前辈和同行批评指正。希望本书的研究能够起到抛砖引玉的作用，为各位同仁今后的研究提供一些基础的素材，在当前国家“一带一路”建设的倡议下，更好地拓展我国云南与越南及东南亚、东盟其他国家的友好往来和合作路径，为云南旅游业的下一步发展出谋献策。

笔　者

2018 年 10 月